합격자들의
생활기록부에는
패턴이 있다!

합격자들의
생활기록부에는
패턴이 있다!

한기현
노형철
지음

교사와 입학사정관의
노하우가 담긴
최신 합격자들의 학.생.부.

패턴과 사례로 배우는
주제 탐구와 학교생활기록부

이 작은 책 한 권으로 학생부 종합전형에 대해 완벽히 설명할 수는 없다. 하지만, 이 책을 잘 이해하고 활용한다면 학생부종합전형에 대한 준비는 충분하다고 단언할 수 있다.

테니스의 '포핸드 스트로크'를 배우고 있는 사람에게, 스텝과 백스윙, 임팩트, 팔로우 스루 등 자세한 설명이 도움이 될까? 이해를 돕기 위한 가장 좋은 방법은 최소한의 설명과 바로 포핸드 스트로크에 대한 시범이다. 좋은 생활기록부를 만드는 방법도 마찬가지다. 이해시키는 가장 좋은 방법 중의 하나는 적절한 예시를 드는 것이다. 학생과 학부모에게 좋은 생활기록부를 만드는 방법에 대해 자세한 설명보다 적당한 예시를 보여주는 것이 훨씬 효과적이라는 것을 경험했다.

— 진학에 진심인 현직 교사

아직까지도 "~ 카더라", 일부 입시컨설팅 업체의 공포마케팅 등등 신뢰하기 어려운 정보들에 현혹되는 일들이 너무도 많다는 상황을 알고 충격을 받았습니다. 대학의 평가 방법을 정확히 알고 준비한다면 더 좋은 결과를 만들 수 있습니다. 또한, 학생들의 학교생활에 대한 부담을 줄일 수 있습니다. 정확한 입시에 대한 정보와 정직한 학생의 노력, 그리고 기록이 있다면 입학사정관들은 객관적으로 평가해 줄 것입니다.

대학에서의 평가 경험과 고교에서의 입시상담 경험을 통해 결과로 증명한 생생한 사례들을 만나보세요. ~

— 진로에 진심인 입학사정관

서문

이 작은 책 한 권으로 학생부종합전형에 대해 완벽히 설명할 수는 없다. 하지만, 이 책을 잘 이해하고 활용한다면 학생부종합전형에 대한 준비는 충분하다고 단언할 수 있다.

전교에서 SKY에 1~2명도 채 가기 힘들었던 학교가 몇 년 후에는 SKY에만 15명 이상 진학하는 학교가 되었다. 매년 직접 지도한 학생들의 90%가, 내신 4등급 이내의 학생들은 수능성적 없이 내신과 학교생활기록부만으로 원하는 대학에 대부분 진학하고 있다.

일반고에서 가장 많은 민원이 생활기록부 관련 민원이다. 우리 아이에 대한 부정적인 내용이 기록되었다거나, 선생님의 실수로 다른 친구와 내용이 바뀌었다거나, 중요한 보고서 내용이 누락되었다는 등의 내용이 주를 이룬다. 그만큼 학생과 학부모도 생활기록부의 중요성을 알고 있다는 증거이자, 학교생활기록부에 대한 학교의 고민을 엿볼 수 있다.

학생부종합전형이 도입된 지 여러 해가 지났고, 학생부종합전형에 대한, 학생과 학부모, 교사, 대학과 일반인들의 의견이 아직도 제각각이지만, 대부분의 대학에서는 학생부종합전형이라는 전형을 선호한다. 저자가 살면서 근무하고 있는, 전국적으로 비교했을 때 학업수준이 상대적으로 낮은 지역에서는 학생부종합전형으로 인해 학생들이 선호하는 대학과 학과 진학에서 훨씬 더 유리한 입장이다. 이 말은, 학생들을 선발하고 대학을 다니는 동안 여러 지표로 학생들을 평가할 수 있는 기관인 대학이 학생부종합전형을 선호하고, 상대적으로 경제력 및 교육 관련 인프라가 부족하다고 평가되는 지역의 학생들에게 학생부종합전형이 보다 넓은 길을 열어주고 있다고 말할 수 있다.

학생부종합전형의 평가자료에서 가장 중요한 것은 생활기록부이다. 대입제도 공정성 강화방안으로 생활기록부에서 독서와 외부 봉사활동 내역, 수상 및 창의적 체험활동의 자율, 동아리, 진로 항목의 글자 수가 줄어서 학교생활기록부의 정성적인 평가기준이 변별력을 잃었다고 말을 하는 사람들이 있지만, 아직도 고교 3년 동안 학생 개개인에게 그들의 장점과 특성을 서술해 줄 수 있는 글자 수는 20,000자가 넘는다. 그리고 총글자 수가 줄어든 만큼 학교에서 교사와 학생의 내용을 질을 높이고 의미 있는 내용을 선별하고 기재하기 위한 고민과 노력은 더 커졌으면 커졌지 줄어들었다고 할 수 없다. 참고로, 현 중3 학생들부터 적용되는 2022 개정교육과정에서는 학기 단위 세특이 증가하며 1학년 세특의 글자 수가 3,500~4,000자에서, 6,500~7,000자로 증가한다. 생활기록부의 양이 지금보다 엄청나게 늘어나는 것이다.

테니스의 '포핸드 스트로크'를 배우고 있는 사람에게, 스텝과 백스윙, 임팩트, 팔로우 스루 등 자세한 설명이 도움이 될까? 이해를 돕기 위한 가장 좋은 방법은 최소한의 설명과 바로 포핸드 스트로크에 대한 시범이다. 좋은 생활기록부를 만드는 방법도 마찬가지다. 이해시키는 가장 좋은 방법 중의 하나는 적절한 예시를 드는 것이다. 학생과 학부모에게 좋은 생활기록부를 만드는 방법에 대해 자세한 설명보다 적당한 예시를 보여주는 것이 훨씬 효과적이라는 것을 경험했다.

이 책은 최근에 실제로 저자가 직접 지도하고 정리한 대학과 학과별로 합격한 학생들의 생활기록부 사례 200개에 대하여, 어떠한 생활기록부가 좋은 생활기록부이고, 좋지 않은 생활기록부는 어떠한 점을 보완해야 하는지, 진학에 진심인 현직 교사와 전직 입학사정관의 시점에서 분석해 보며 학생은 어떻게 생활기록부를 만들어야 하고, 교사는 어떻게 기록을 해야 하는지 쉽게 이해할 수 있다.

목차

✦

✦

전형에
대한 안내

수시는 학생부 전형이 중심이고, 정시는 수능 위주 전형이다. 수능과 수시가 모두 상대평가로 9등급으로 세분화되고, 수시 등급과 정시 등급의 비율이 같기 때문에, 수시와 정시 중 어느 전형을 중심으로 준비할 것인지는 학생의 내신등급과 수능등급 중 어느 것이 본인에게 유리한지에 따라 결정해야 한다. 정시에서는 특히, 전체 수험생들의 1/3에 달하는 재수생들이 수능에서 좋은 등급을 차지하기 때문에, 대부분의 일반계 고등학교는 수시와 정시를 둘 다 목표로 삼거나, 수시에만 전념하는 학교도 많은 실정이다.

▌최근 3년간 수시모집과 정시모집의 인원(비율) 비교 ▌ 1)

(단위: 명)

학년도	수시모집	정시모집	합계	전년 대비 증감		
				수시	정시	합계
2025학년도	271,481 (79.6%)	69,453 (20.4%)	340,934 (100.0%)	-551 (0.6%p)	-2,811 (-0.6%p)	-3,362
2024학년도	272,032 (79.0%)	72,264 (21.0%)	344,296 (100.0%)	-410 (1.0%p)	-4,418 (-1.0%p)	-4,828
2023학년도	272,442 (78.0%)	76,682 (22.0%)	349,124 (100.0%)	10,064 (2.3%p)	-7,493 (-2.3%p)	2,571

- 수시모집과 정시모집에서 모집인원이 모두 전년도에 비하여 감소하였지만, 수시모집의 감소 인원이(-551명) 정시모집의 감소 인원(-2,811명)보다 더 적었기 때문에 모집 비율에서는 수시모집의 비율이 소폭 상승(0.6%p)하였다.

나. 연도별 수능 지원·응시 인원

	2021학년도			2022학년도			2023학년도		
	재학생	졸업생 등	계	재학생	졸업생 등	계	재학생	졸업생 등	계
접수 인원	346,673	146,760	493,433	360,710	149,111	509,821	350,239	157,791	508,030
응시 인원	295,116	125,918	421,034	318,693	129,445	448,138	308,284	139,385	447,669
	85.13%	85.80%	85.33%	88.35%	86.81%	87.90%	88.02%	88.34%	88.12%

※ 한국교육과정평가원 보도자료
※ 응시인원 %는 접수인원 대비 응시인원 비율

    수시는 크게 학생부 위주 전형(학생부교과전형, 학생부종합전형)과 논술 전형, 특기자 전형으로 나뉘는데, 선발 인원을 보면 다른 전형들에 비해 학생부교과전형과 학생부종합전형의 선발 비율이 압도적으로 많다. 그리고, 생활기록부가 우수하다면 동일 대학의 동일 학과에서 학생부종합전형이 무조건 유리하다. 그래서 현재 일반계 고등학교에 재학 중인 학생이라면 학생부종합전형에 대비해야 하고, 이를 위해선 좋은 내신성적과 생활기록부가 나올 수 있도록 준비해야 한다.

▌2025학년도 권역별/시기별 모집인원 비교 ▌[2]

(단위: 명)

권역	수시모집			정시모집			합계
	정원내	정원외	합계	정원내	정원외	합계	
수도권	75,121	10,725	85,846 (65.0%)	42,701	3,579	46,280 (35.0%)	132,126
비수도권	167,763	17,872	185,635 (88.9%)	22,934	239	23,173 (11.1%)	208,808
합계	242,884	28,597	271,481 (79.6%)	65,635	3,818	69,453 (20.4%)	340,934

- 전체 모집인원에서 수시 모집인원이 차지하는 비율이 수도권은 65.0%, 비수도권 88.9%로 비수도권 대학의 비율이 상대적으로 높다.
- 반면 정시 모집인원은 수도권 35.0%, 비수도권 11.1%로 수도권 대학의 비율이 높은 편이다.
- 모집인원의 비율상 차이가 존재하기 때문에 목표하는 대학의 권역에 따라 다른 지원 전략을 구성해야 한다.

- 수시 모집인원의 86.0%를 학생부위주(교과, 종합)로, 정시 모집인원의 91.9%를 수능위주로 선발한다. (이하, "학생부위주(교과)"는 "학생부교과"라 하고, "학생부위주(종합)"은 "학생부종합"이라 한다.)

▍전형유형별/모집시기별 모집인원의 변화 ▍

(단위: 명/%)

구분	전형유형	2025학년도		2024학년도		전년 대비 증감
		모집인원	비율	모집인원	비율	
수시	학생부교과	154,475	45.3	154,121	44.8	354
	학생부종합	78,924	23.1	79,358	23.0	-434
	논술위주	11,266	3.3	11,214	3.3	52
	실기/실적위주	22,531	6.6	22,539	6.5	-8
	기타	4,285	1.3	4,800	1.4	-515
정시	수능위주	63,827	18.7	66,300	19.3	-2,473
	실기/실적위주	5,224	1.5	5,515	1.6	-291
	학생부교과	174	0.1	228	0.1	-54
	학생부종합	183	0.1	162	0.0	21
	기타	45	0.0	59	0.0	-14

※ 전형유형별 선발비율은 모집시기별 인원 대비 전형유형별 선발비율로 소수점 둘째자리에서 반올림

- 수시모집의 경우 수도권과 비수도권의 전형별 비율이 매우 다르다. 수시모집 중에서도 수도권은 학생부종합전형의 비율이 가장 높은 반면 비수도권은 학생부교과전형의 비율이 가장 높다. 논술전형은 수도권 수시 모집인원의 11.39%를 차지하지만 비수도권은 0.80% 밖에 되지 않는다.

▍권역별 수시모집 전형유형별 비교 ▍

(단위: 명)

2025학년도	학생부교과	학생부종합	논술	실기/실적	기타
수도권	27,806 (32.39%)	37,867 (44.11%)	9,778 (11.39%)	8,241 (9.6%)	2,154 (2.51%)
비수도권	126,669 (68.26%)	41,057 (22.12%)	1,488 (0.80%)	14,290 (7.70%)	2,131 (1.12%)

- 정시모집의 경우 수도권과 비수도권 모두 수능위주전형이 차지하는 비율이 가장 높다. 주로 예체능계열에 해당되는 실기/실적위주전형이 그 다음으로 높다. 정시모집에서는 학생부위주전형의 비율이 매우 낮다.

▍권역별 정시모집 전형유형별 비교 ▍

(단위: 명)

2025학년도	수능위주	실기/실적	학생부교과	학생부종합	기타
수도권	43,117 (93.14%)	2,987 (6.47%)	22 (0.05%)	129 (0.28%)	25 (0.05%)
비수도권	20,710 (89.37%)	2,237 (9.65%)	152 (0.65%)	54 (0.23%)	20 (0.09%)

특정 대학 특정 학과 학생부교과전형과 종합전형의 성적 비교

〈출처: 2025학년도 대입정보 119(한국대학교육협의회)〉

내신성적을 잘 받기 위한 방법은 지금까지 계속 학교와 학원에서 배우고 있기 때문에 보통의 학생들이 방법을 몰라서 고민하지는 않는다. 하지만 좋은 생활기록부를 갖기 위해서는 어떻게 해야 하는지, 학생과 학부모, 그리고 학교의 선생님들까지 그 방법을 모르는 경우가 많다. 그럼 지금부터 어떻게 학생부종합전형을 준비해야 할지? 어떻게 좋은 생활기록부를 만들어야 할지 살펴보자.

먼저 대학이 학생을 어떻게 선발하는지 간단하게 살펴보자. 대학마다 조금씩은 차이가 있지만, 대부분의 대학들은 2021년 건국대, 연세대, 중앙대, 한국외대 등, 서울의 주요 대학들이 제시한 학생부종합전형 공통 평가요소 및 평가항목을 기준으로 학생들을 평가한다.

▌5개 대학(건국대, 경희대, 연세대, 중앙대, 한국외대) 공동연구 (2022.2.)▐

평가요소	평가항목에 따른 세부 내용	
학업역량 - 대학 교육을 충실히 이수하는 데 필요한 수학 능력	학업성취도	• 고교 교육과정에서 이수한 교과의 성취수준이나 학업 발전의 정도
	학업태도	• 학업을 수행하고 학습해 나가려는 의지와 노력
	탐구력	• 지적 호기심을 바탕으로 사물과 현상에 대해 탐구하고, 문제를 해결하려는 노력
진로역량 - 자신의 진로와 전공(계열)에 관한 탐색 노력과 준비 정도	전공(계열) 관련 교과 이수 노력	• 고교 교육과정에서 전공(계열)에 필요한 과목을 선택하여 이수한 정도
	전공(계열) 관련 교과 성취도	• 고교 교육과정에서 전공(계열)에 필요한 과목을 수강하고 취득한 학업 성취 수준
	진로 탐색 활동과 경험	• 자신의 진로를 탐색하는 과정에서 이루어진 활동이나 경험 및 노력 정도
공동체역량 - 공동체의 일원으로서 갖춰야 할 바람직한 사고와 행동	협업과 소통능력	• 공동체의 목표를 달성하기 위해 협력하며, 구성원들과 합리적인 의사 소통을 할 수 있는 능력
	나눔과 배려	• 상대방을 존중하고 이해하여 원만한 관계를 형성하며, 타인을 위하여 기꺼이 나누어 주고자 하는 태도와 행동
	성실성과 규칙준수	• 책임감을 바탕으로 자신의 의무를 다하고, 공동체의 기본 윤리와 원칙을 준수하는 태도
	리더십	• 공동체의 목표 달성을 위해 구성원들의 상호작용을 이끌어가는 능력

- 학업역량을 통해서는 학업성취도, 학업태도, 탐구력을 평가한다. 정성평가가 이루어지는 학생부 종합전형에서의 학업성취도는 등급과 원점수, 성취도뿐만 아니라 이수과목, 이수자 수, 평균과 표준편차, 세부능력 및 특기사항 등을 종합적으로 고려한다. 또한 기초교과(국어·수학·영어)와 탐구교과(사회/과학)뿐만 아니라, 교양인으로서 갖추어야 하는 소양과 관련된 교과(예술·체육, 기술·가정/정보, 제2외국어/한문, 교양 등)의 성적도 함께 살핀다. 학년이나 학기에 따른 성적의 변화를 함께 고려하며 지원자의 성장에 주목하여 평가가 이루어진다. 이를 통해 학업태도에서는 학업을 수행하고 학습해 나가려는 의지와 노력에 대해 살펴본다. 마지막으로 탐구력에서는 지적 호기심을 바탕으로 사물과 현상에 대해 탐구하고, 문제를 해결하기 위해 노력한 경험을 평가한다. 특히 교과 수업에서 생긴 호기심이나 궁금증을 교내의 다양한 프로그램을 이수하며 해결한 경험과 관심을 확장해 나간 활동들을 종합적으로 판단하여 평가한다.

- 진로역량은 자신의 진로와 전공(계열)에 관한 탐색 노력과 준비 정도를 평가한다. 이는 전공(계열) 맞춤형 활동을 강조한 전공적합성보다 더 넓은 개념이라 할 수 있다. 전공(계열) 관련 교과 이수 노력은 고등학교에서 교과별 학문의 기본적 이해에 바탕을 둔 일반선택과목을 충실히 이수하고, 자신의 진로와 관심사에 따라 희망 전공(계열)과 관련된 진로선택과목을 이수하고 있는지를 평가한다. 전공(계열) 관련 교과 성취도는 학업역량의 평가항목에서도 평가하지만 동시에 전공(계열) 관련 성취도를 평가하는 진로역량의 평가항목에서도 평가가 이루어질 수 있다. 마지막으로 진로 탐색 활동과 경험은 자신의 진로를 탐색하는 과정에서 이루어진 활동이나 경험, 노력 정도를 의미하며 학교 교육에서 자신의 관심 분야나 흥미와 관련한 다양한 활동에 참여하여 노력한 경험이 있는가를 평가한다.

- 공동체역량은 공동체의 일원으로서 갖춰야 할 바람직한 사고와 행동을 말한다. 기존 인성에서 개인적 특성이 강하고 평가가 어려운 점을 고려하여 도덕성을 제외하고, 공동체 내의 관계 역량을 반영해 발전가능성에 있던 리더십을 공동체역량에 포함하며 유사한 항목을 통합하여 '공동체역량 내 협업과 소통능력, 나눔과 배려, 성실성과 규칙준수, 리더십'으로 평가요소가 재구성되었다. 공동체역량은 단체활동에서 서로 협력하면서 공동의 과제를 수행하고 완성한 경험, 타인의 의견에 대한 공감과 수용, 나눔과 배려에 대한 경험, 자신의 역할을 열심히 수행한 경험, 목표 달성을 위해 구성원들의 협력, 화합 등을 이끌어낸 경험 등을 종합적으로 평가한다.

▌주요대학 전형별 평가요소 및 비율 예시 ▌

대학	전형명	평가요소 및 비율(배점)
강원대	미래인재 Ⅰ	학업역량30%, 전공적합성25%, 인성24%, 발전가능성21%
	미래인재 Ⅱ	
건국대	KU자기추천	학업역량300, 진로역량400, 공동체역량300
경북대	일반학생	학업역량30, 전공역량50, 공동체역량20
경희대	네오르네상스	학업역량30, 진로역량50, 공동체역량20
고려대	계열적합형	학업역량40, 자기계발역량40, 공동체역량20
	학업우수형	학업역량50, 자기계발역량30, 공동체역량20
동국대	Do Dream	학업역량30%, 전공적합성50%, 인성 및 사회성20%
	Do Dream(소프트웨어)	학업역량25%, 전공적합성55%, 인성 및 사회성20%
부산대	학생부종합	학업역량40, 진로역량40, 사회역량20
서강대	학생부종합(일반)	학업역량50%, 공동체역량20%, 성장가능성 30%
서울대	지역균형	학업역량7등급(A+, A, B+, B, C+, C, D), 학업태도(A, B, C),
	일반	학업외소양(A, B, C), 최종 서류평가7등급(A+, A, B+, B, C+, C, D)
서울시립대	학생부종합전형 Ⅰ	학업역량35%, 잠재역량40%, 사회역량25%
	학생부종합전형 Ⅱ	학업역량30%, 잠재역량50%, 사회역량20%
성균관대	계열모집	학업수월성250, 학업충실성250, 전공적합성150, 활동다양성150, 자기주도성100,
	학과모집	발전가능성100
숙명여대	숙명인재(면접형)	진로역량450, 탐구역량350, 공동체의식과 협업능력200
연세대	국제형-국내고	종합평가 Ⅰ(학업역량, 진로역량)70, 종합평가 Ⅱ(인성, 공동체역량)30
	활동우수형	
이화여대	미래인재	학업역량200~400점, 학교활동의 우수성300~500점, 발전가능성200~400점
전남대	고교생활우수자 Ⅰ	전공준비도210, 학업수행역량210, 학업외소양140, 인성역량140
	고교생활우수자 Ⅱ	전공준비도300, 학업수행역량300, 학업외소양200, 인성역량200
전북대	학생부종합전형(전체)	인성 및 사회성20%, 학업역량 및 전공적합성40%, 성장 및 발전가능성40%
중앙대	CAU융합형인재	학업역량50, 진로역량30, 공동체역량20
	CAU탐구형인재	학업역량40, 진로역량50, 공동체역량10
충남대	학생부종합전형 Ⅰ, Ⅱ, Ⅲ	학업역량40%, 전공적합성30%, 발전가능성20%, 인성10%
충북대	학생종합전형(전체)	전문성57.5%, 사회성25%, 적극성17.5%
한국외대	학생부종합(서류형)	학업역량50, 진로역량30, 공동체역량20
	학생부종합(면접형)	학업역량30, 진로역량50, 공동체역량20

대학	전형명	평가요소 및 비율(배점)
한양대	학생부종합(일반)	[전임]종합성취200, 학업300, 인성 및 잠재력300 [위촉]학업 및 인성200
홍익대	학교생활우수자	학업역량25%, 전공역량30%, 발전가능성30%, 인성15%

〈출처: 2025학년도 대입정보 119(한국대학교육협의회)〉

아래는 2023년에 학생부종합전형으로 한양대 의대에 합격한 본교 학생을 입학사정관들이 모의 평가한 평가표이다. 실제로 대부분의 대학에서 아래와 같은 세부평가표에 의거하여 학생들을 평가한다.

평가요소	평가항목	평가근거	평가등급
학업역량	학업성취도	주요교과 1등급, 비주요교과도 고르게 높은 성취도를 보임. 성적추이 안정적.	우수
	학업태도	교과수업에 적극적 참여 및 자발적인 학습의지 우수함(보고서,탐구주제,발표활동 등)	우수
	탐구력	교과 각종 탐구활동 등을 통해 지적관심 및 지식 확장 노력 우수함(교사 관찰 및 평가내용 우수함)	우수
진로역량	전공(계열)관련 교과 이수 노력	-전공(계열)과 관련된 과목을 충실히 선택하고 이수함 -전공(계열)과 관련된 과목을 이수하기 위한 추가적인 노력 엿보임(융합과학) -선택과목 교과목 학습단계(위계)에 따라 이수함	우수
	전공(계열)관련 교과 성취도	-수학 및 과학교과 성취수준 매우 우수함 -일반선택과목 대비 진로선택과목의 성취수준 우수함(화학1,화학2/생명1,생명2 등)	우수
	진로 탐색 활동과 경험	-다양한 활동 보다는 수학, 과학에 편중하여 참여하거나 진로와 연관시킴 -교과 및 창체활동 전공(계열)에 대한 관심과 탐색활동 우수함	우수
공동체역량	협업과 소통능력	공동과제 수행과 협업 및 소통능력 엿보임	우수
	나눔과 배려	나눔과 실천 사례 및 타인 배려를 실천한 경험 돋보임	우수
	성실성과 규칙준수	3학년 출결상황 미흡함 (3-2학기)	미흡
	리더십	리더십 사례 및 공동체 목표 달성 경험 우수함	우수
총평	-전교과 학업성취도 우수함. -지원학과 관련 교과의 학업수준, 교과 및 창체 활동에서 전반적으로 높은 진로역량을 보이고 있음. -평균 이상의 공동체 역량 엿보임.		

위 평가표 및 여러 대학들이 평가에서 중시하는 핵심 키워드를 추출해 보면 아래와 같다.

자기주도적	지적 호기심
적극성	넓고, 깊게 (폭넓고, 심화된 탐구활동)
전공(계열) 관련 관심	창의적 산출물
진로탐색 활동(경험)	융합적 사고력

그렇다면 이러한 대학의 평가에서 중시하는 핵심 역량을 어떻게 생활기록부의 각 영역(과목별 세부능력 및 특기사항, 자율, 진로, 동아리, 행동특성 및 종합의견)에서 효과적으로 드러내야 할까? 고교 3년 동안 기록할 수 있는 양이 가장 많은 영역인 '과목별 세부능력 및 특기사항'에서도 단순히 수업에 열심히 참여하고, 해당 교과목의 학업성취수준이 우수한 것에 대한 기록만으로는 대학이 요구하는 평가요소를 완벽히 충족할 수 없다는 것을 알고 있다. 아니, 대학에서는 학업성취도는 이미 내신등급으로 충분히 평가할 수 있기 때문에, 그 외 학생을 평가하는데 더 의미 있는 자료들을 정성적으로 기록해 달라고 요구하고 있다. 대학이 원하는 학생을 나름대로 재미있게 해석해 보면 아래와 같다.

(참고로 웃자고 한 얘기니 대학에서는 조금만 화를 내주시면 감사하겠습니다.)

대학이 원하는 학생?

① 4년 내내 우리 학교, 우리 학과의 출석부에서 이름을 볼 수 있는 학생
 - 그럴듯한 말로 '학교충실도', '학과충실도'가 높은 학생이라고 하지만, 쉽게 얘기하면 다른 대학과 학과에 가지 않고 성실히 4년 동안 등록금을 납부하는 학생을 말한다. 당연하겠지만, 학생부종합전형으로 입학한 학생이 가장 이 기준에 맞는 학생이다. 수능성적이나 내신성적만으로 들어온 학생은 더 좋은 기회가 생기면 쉽게 대학의 기대를 저버린다.

② 고교와 달리 학과 중심인 대학
 - 대학에서 가장 중요한 것은 우리 학과에서 필요한 학업역량이다. 국문

과에 수학 성적이 크게 필요 없고, 컴퓨터공학과에서 국어성적이 크게 필요 없는 이유다. 그래서 대학은 진로(전공) 관련 성적뿐만 아니라, 전공과 관련된 관심과 활동, 탐구 경험을 중시한다.

③ 자기주도적으로 탐구하는 학생을 원하는 대학
 – 대학은 고등학교의 교육과정처럼 체계적이지 않고, 교수님들은 선생님들만큼 세심하거나 친절하지 않다. 그래서 대학은 자발적인 학생을 원한다. 스스로 수업에서 들은 내용이나 전공 관련 내용에 호기심을 갖고 독서하고 탐구하고, 활동하는 학생…. 그것이 대학에서 원하는 인재상이다.

이렇게 이해하기 쉽게 대학에서 원하는 인재상을 살펴본 후 대학이 평가하는 핵심 키워드들을 다시 한번 살펴보면 이해가 더 쉽게 갈 것이다.

자기주도적　　　　**지적 호기심**

적극성　　　　**넓고, 깊게**(폭넓고, 심화된 탐구활동)

전공(계열) **관련 관심**　　　　**창의적 산출물**

진로 탐색 활동(경험)　　　　**융합적 사고력**

　그러면 대학이 원하는 좋은 생활기록부 기록이란 과연 무엇일까? 이미 많은 학교에서, 많은 학생들이 진행하고 있는 '주제 탐구'를 통해 학생의 장점을 어필하는 것이다. 자율활동, 진로활동, 동아리활동뿐만 아니라, 교과세부능력 및 특기사항에서도 학생의 진로와 연관된 주제 탐구를 통해 학생의 학업역량, 진로역량, 공동체 역량을 드러내야 한다.

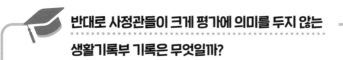

반대로 사정관들이 크게 평가에 의미를 두지 않는 생활기록부 기록은 무엇일까?

단순히 활동을 나열하거나, 개별화, 구체화되어 있지 않은 기록…. (개별화된 기록이란, 쉽게 얘기하면 학생 개인의 특성이 드러나지 않은, 즉 복사하기 붙여넣기 형태로 보이는 기록이 아니라는 것이다. 구체화는 학생의 탐구과정이나 교사의 관찰이 구체적이지 않고 추상적이어서 사정관이 보기에 구체적으로 점수를 부여할 요소가 부족한 기록을 말한다.)

매년 100~200명의 학생들의 진학상담을 하고, 주제 탐구에 대한 조언을 하고, 정리하면서 **'좋은 생활기록부에는 일정한 패턴이 있다'**는 것을 발견했다.

좋은 생활기록부의 패턴은 무엇일까?

먼저 일반적인 생활기록부 주제 탐구의 과정을 살펴보자.

일반적인 탐구의 과정 (보고서 작성 방식)

〈탐구계기〉 ▶ 〈의미있는 탐구과정〉 ▶ 〈이를 통해 알게 된 점(배우고 느낀점)〉 ▶ 〈다른 활동으로 적용〉

1. 탐구계기 – 탐구를 하게 된 계기를 통해 대학에서는 학생의 '학업역량'과 '진로역량', 즉 '지적 호기심'과 관심 있는 분야가 무엇인지 엿볼수 있다. 특히 과거 진행했던 탐구에서 촉발되는 새롭고 심화된 탐구의과정은 탐구의 연속되는 과정을 통해 '학생의 성장' 가능성을 확인할 수있고 이는 평가에서 매우 유의미하게 작용된다. 일반적인 탐구의 계기는 다음과 같다.

　　가. 수업 중 호기심이 든 내용
　　나. 창의적 체험활동(자율, 진로, 동아리) 중 궁금한 내용
　　다. 과거(1, 2학년 탐구활동)의 탐구내용에서 호기심이 들었거나, 아
　　　　쉬웠던 점
　　라. 기사나 학술자료
　　마. 일상(주변)에서 발견한 궁금증, 아쉬운 점

2. 의미 있는 탐구과정 – **가장 중요한 것이 의미 있는 탐구과정**이다. 대부분의 학생들이 궁금한 내용을 단순히 인터넷에서 내용을 찾고정리한 것을 탐구의 과정이라고 생각한다. 생활기록부의 정성적인 기록을 '특기사항(特記事項)'이라고 한다. '특기사항'은 말 그대로 특별히 기록할 만한 사항(내용)인데, 단순히 궁금한 점을 인터넷 검색을 통해 알게 된 과정을 '특기사항'이라고 말할 수는 없을 것이다.

이 부분이 학생들이 탐구활동 및 보고서 작성을 할 때 가장 어려워하는 부분이다. 거의 모든 탐구의 과정을 인터넷을 통해 진행하는데, 어떻게 해야 유의미한 탐구과정으로 비칠 수 있을 것인가? 매년 200여명의 학생들과 상담을 하고 탐구과정에 대한 피드백을 주며 **대학에서**

유의미하게 평가하는 좋은 생활기록부의 **탐구과정**에는 일정한 패턴이 존재함을 발견할 수 있었다. 이것을 조금 다르게 표현해 보면 **다양하고 연속된 탐구의 경로**를 보여줘야 한다고 할 수 있을 것이다. 탐구의 패턴, 즉 탐구 경로는 아래와 같다.

✦ ✦ ✦

의미 있는 탐구활동 패턴
(탐구 경로)

① 독서　　　　② 통계 자료　　　　③ 설문 조사

④ 실험　　　　⑤ 캠페인　　　　⑥ 증명(수학적 모델링, 사료)

⑦ 모의기업 구상　　⑧ 주변의 문제 해결　　⑨ 전문이론 활용

⑩ 프로그래밍　　⑪ 창의적 산출물　　⑫ 교과(전공) 융합

⑬ 지식의 확장(일반화)　　⑭ 과정적 지식 획득

주제 탐구
패턴

연번	유형	유형 설명
1	창의적 산출물	~를 하기 위해 ○○ 기법을 활용하여 △△ 콘텐츠를 제작함.
2	독서	~를 탐구함. ○○ 등의 도서를 탐독하며 △△ 원리를 이해함.
3	독서+설문+실험	○○ 도서를 탐독하여 △△ 이론에 관심을 갖고 ~ 실효성을 탐구함. (실효성을 검증하기 위한 실험과정 추가)
4	전공 역량을 일상 문제에 적용	주변의 ○○ 데이터를 정리하여 △△ 자료집을 제작함.
5	일상 문제 해결을 통한 전공 역량 발휘	본교 학생의 ○○ 실태와 개선방안을 탐구함.
6	융합적 사고+창의적 산출물	○○ 교과와 □□ 교과를 연계한 ○○ 수업을 구상하고 지도안을 작성함.
7	수학적 증명 과정	과학 교과에서 배운 내용을 수학 개념을 적용해 증명하고, 과학의 원리를 이해.
8	실험에서 발견한 문제 해결	실험 중에 발견한 문제를 해결하기 위해 전공 역량을 발휘해 해결방안을 모색.

교과(전공) 융합+창의적 산출물

〈고려대 교육학과, 연세대 교육학부,
한양대 정책학과, 성균관대 인문과학계열〉

다문화 교육의 중요성을 깨닫고, 고려시대 무역항이었던 벽란도를 모티브로
삼아 2022년도 벽란도에서 여러 나라의 특산품과 상품을 거래하며, 다양한
문화에 대해 이해할 수 있는 사회 교과와 수학 교과를 융합한 다문화
교육활동지와 수업지도안을 작성함.[1] 직접 벽란도에서 상품을 경매하는 형태의
게임을 통해 학생들의 흥미와 집중력을 높이기 위해 노력함.

教육계열을 희망하는 학생들이 많이 탐구하는 주제 중 하나가 '다문화
교육'이다. 그런데, 단순히 다문화가정의 증가나 문제점을 조사하고 지적하는
것에서 그치는 경우가 많다. 하지만, 직접 벽란도에서 상품을 경매하는 형태의
게이미피케이션을 활용한 활동지와 수업지도안을 작성함으로써, 교육 분야에
대한 적극적인 탐구의 자세를 강조할 수 있다.

주변의 문제 해결+창의적 산출물

〈성균관대 자연과학계열, UNIST 이공계열〉

우리 학교에서 생장하고 있는 21종 나무들의 정보를 조사하고 정리하여 우리
학교 생태 도감을 제작함. 나무들에 대한 기본적인 정보뿐만 아니라, 현재
질병에 걸려 있는 나무들은 이에 대한 정보까지 QR코드를 활용하여 파악할 수
있도록 함.

생명계열을 희망하는 학생들이 대부분 유전자 편집 기술이나 효소, 각종
질병이나 의약품 등 인체나 질병 등에 관심을 갖고 탐구하는 경우가 많다.
하지만 위 학생은 드물게 식물에 대한 관심도 드러냈다.

식물의 생태 도감을 제작하며 학교의 스트로브 잣나무의 생육 상태가 좋지
못하다는 사실을 알게 된 후에는, 추가로 병의 원인을 찾기 위해 스트로브
잣나무가 식재되어 있는 토양의 상태, 지형의 모양, 올해의 기후 등의 여러
요인을 종합적으로 고려하여 올해는 기온이 매우 덥고 강우량도 부족하여
내건성인 침엽수류에도 많은 건조 피해가 발생했으며, 스트로브 잣나무가
학교의 경사진 지형 최상단에 열식되어 있기 때문에 비가 오더라도 토양으로
침투되는 양보다 흘러서 내려가는 빗물의 양이 많아 나무가 고사했다는
결론을 도출하는 또 다른 탐구과정으로 이어졌다.

그리고 생태 도감을 제작하며 자연스레 생태계 교란 식물에도 관심을 갖고 학교
주변에 서식되어 있는 삼덩굴, 단풍잎 돼지풀 등 생태계 교란종의 항산화능을
측정하는 실험을 계획하고 진행하는 탐구과정이 생활기록부의 또 다른 영역에
기록되어 있다.

이와 같이 생활기록부의 여러 영역에서 꼬리에 꼬리를 물고 이어진 탐구과정은
학생의 생명연구원으로서의 지적 호기심과 탐구역량을 충분히 드러냈을
것이다.

주변의 문제 해결+창의적 산출물

〈경기대 AI컴퓨터공학부 컴퓨터공학전공,
아주대 사이버보안학과, 국민대 산업보안학〉

장애 이해 교육을 받고 아두이노와 3D프린터를 활용하여 스마트 지팡이를
제작함. 장애물과 가까워지면 센서를 이용하여 사용자가 장애물을 인식하도록
초음파 센서, 피에조 부저, 서보 모터로 이어지는 작동과정을 설계하고 이를
코딩함.

파이썬을 활용하여 벽을 따라서 청소할 수 있도록 코딩한 로봇청소기를 제작함.
처음에는 P 제어를 이용하였지만, 바닥의 형태가 다르고, 장애물에 취약하다는
문제점을 발견한 후, PID 제어와 터치센서를 활용하여 단점들을 보완함. 이를
통해 공학에서 특정 상황에서만 활용 가능한 것이 아닌, 보편적으로 사용
가능한 산출물을 만드는 것이 중요하다는 것을 깨달음.

머신러닝을 사용하여 마스크를 착용하였을 때와 착용하지 않았을 경우,
그리고 사람이 없을 때의 세 가지 학습을 통해 마스크의 착용 여부를 판별하고,
아두이노를 이용하여 센서에 손을 가까이하면 소독제가 나오는 시스템을
제작. 특히, 학습된 프로그램과 손 세정제 코드를 결합시키는 과정에서
오류를 수정하고 보완하며 코딩 역량을 키움.

위와 같이 일상의 불편함이나 문제점을 인식하고 코딩이나 아두이노를 활용하는
역량을 통해 극복하는 활동은 컴퓨터 계열이나 전기, 전자 관련 학과 등
공학계열을 지망하는 학생이 많이 하는 탐구활동의 패턴 중 하나이다.

보다 구체적으로 역량이 드러나지 않는다는 것과 역량에 대한 교사의 평가가
다소 부족한 것이 아쉽기는 하다.

현상·원리의 증명을 위한 '자신만의 실험' 설계와 문제 해결

〈서울대 기계공학부, 연세대 기계공학부, 고려대 기계공학부,
한양대 기계공학부, UNIST 이공계열〉

로켓의 클러스터링 기술과 추력 제어 기술을 탐구하고 서보모터를 이용하여
4기의 연소실을 회전시켜 TVC 추력 제어가 가능한 클러스터드 엔진을
3D프린터로 제작함. 이 과정에서 추진제 탱크의 기울기로 내부의 유체압력이
변화하여 4기의 엔진 추력이 같지 않다는 문제점을 발견하고, 자이로 센서와
가속도 센서를 이용한 서보모터 제어로 해결방법을 모색함.

〈시립대 환경공학부, 동국대 바이오환경공학과,
서울과학기술대 환경공학과〉

기사와 학술자료를 통해 미세플라스틱이 인체에 미치는 심각성을 깨닫고
해결방법을 찾아보던 중, 인체에 유입된 미세플라스틱이 일정 크기 이상으로
응집하게 되면 체외로 배출된다는 연구자료를 보고 직접 실험을 통해 증명해
봄. 실험환경과 도구의 제약으로 수작업으로 사포를 이용하여 미세플라스틱을
만들고, 두 종류의 미세플라스틱을 증류수와 담수에 용해시킨 후, 응집화를
돕는 요인을 pH 농도와 황산알루미늄 농도에 기반하여 분석하는 모습을 통해
미래 생명연구원으로서의 도전정신과 분석적인 사고력을 확인함.

실험과정에서 학생의 적극성과 도전정신을 강조하기 위해서는 단순히 궁금한
내용을 실험을 통해 해결했다는 것보다, **실험에서의 문제점이나 시행착오를
해결하는 과정이 드러나면 좋다.**

모의기업 구상

〈경희대 무역학과〉

국제 운송의 특징 및 운송 수단별 장단점을 분석하고, 새로운 소비 트렌드를 국제 운송 수단을 활용하여 상품화할 모의기업을 구상함. 국제 운송에서는 세관에서의 수출입절차와 화물의 손해 발생 시 책임부담 소재 등 국내 운송과 달리 고려해야 할 점이 많으며, 해상, 항공, 육상 운송마다 이동시간, 운송량, 운송비 등의 차이가 큰 차이가 있음을 확인함. 추가로 개성과 희소템을 추구하는 소비 트렌드에 맞춰 항공운송을 통해 희귀템이나 밀키트를 판매하는 온라인 마켓 설립을 구상함.

- -

상경계열을 희망하는 학생들이 현재 기업들의 장단점이나 트렌드를 탐구하고 이와 관련된 모의기업을 구상하는 탐구 패턴을 많이 활용하고 있다. 구독경제에 관심을 갖고 기존 OTT 기업들의 장단점을 분석하고 고객들의 입맛에 맞는 OTT 서비스 기업을 구상하기도 하고, 패션과 인공지능을 결합하여 고객의 특성에 맞는 맞춤형 의류 추천 서비스를 접목한 기업을 구상하기도 한다.
기업구상 및 기획과정에서의 논리적인 사고와 자신의 기획안에 대한 실효성을 분석하고 예측하는 과정을 통해 융합적이고 분석적인 사고력의 성장을 기대할 수 있다.

주변의 문제 해결+프로그래밍

〈국민대 인공지능학부, 인하대 컴퓨터공학과, 단국대 소프트웨어학과〉

인공지능 관련 투자 기사에 관심을 갖고, 순환 신경망을 이용한 주가 예측 프로그램을 제작함.[2] 특정 주식 종목의 과거 5년간 일별 최고가, 종가, 거래량 등의 자료를 이용하여 '예측 종가'를 종속 변수, 종가 데이터는 독립 변수로 지정하여 주식 투자 시스템을 학습시킨 후, 미래 30일간의 주식 종가를 그래프로 표현하는 주가 예측 프로그램을 개발함. 자료의 기간이 길수록 과거의 정보가 마지막까지 전달되지 못하는 장기의존성 문제를 발견한 후 기계학습 장단기 메모리를 활용한 프로그램으로 재설계하여 학습능력을 향상시키는 모습에서[3] 도전정신과 사고의 유연성을 확인함.

'인공지능을 이용한 문제 해결 프로젝트'에 참여하여[4] 우리 동네 의류 수거함 위치정보 제작 활동을 진행함. 프로젝트 수행에서 데이터베이스 수집과 입력 및 프로그래머 역할을 수행함. 도로명 주소로 표기된 우리 동네 의류 수거함 위치를 위도와 경도로 변환하고, 현재 위치를 도로명 주소 형태로 입력하면 가장 가까운 의류 수거함 위치를 출력하는 프로그램을 개발함. 재사용 가능한 의류가 일반 쓰레기로 많이 버려지고 있다는 것과 의류 수거함이 우리 주변에 많다는 점 등을 강조하며 지역 주민들에게 홍보하고 배포함.

장애 이해 교육을 받은 후 언어장애인과의 원활한 소통을 위해 인공지능
딥러닝을 활용한 수화 번역기를 구상하고 제작함. '미안하다', '고맙다' 등의
여러 표현에 관한 이미지를 각 100장 이상 수집하여 데이터셋을 구축하여
인공지능에 학습을 시킨 후, 수화 이미지를 읽고 텍스트로 번역하도록 함.

친구들에게 수학을 가르쳐 주던 중 함수에 대한 이해가 부족함을 깨닫고
학습자의 이해를 돕기 위해 파이썬을 활용하여 함수를 그래프로 구현하는
프로그램을 제작함. 좌표축에 화살표를 나타내고 격자무늬의 배경을 출력하여
그래프를 보기 좋고 이해하기 쉽도록 표현함. 일차함수, 이차함수, 삼차함수를
순서대로 표현하며 함숫값들을 다르게 입력할 때마다 그래프가 변화하는 것을
눈으로 확인하며 함수에 대한 이해를 돕도록 함.

선형회귀이론으로 학습시간 대비 나타나는 결과를 구현했던 프로그램을
발전시켜 학생들의 시험 성적당 합불을 예측하는 로지스틱 회귀 예측
모델을 파이썬으로 구현함. 이 과정에서 이진 분류를 활용하기 위한 대표적
알고리즘인 로지스틱 회귀 이론과 시그모이드 함수의 활용법을 익히고, 행렬을
프로그램으로 구현하는 방법을 깨달음.

컴퓨터학과나 소프트웨어학과는 탐구과정에서 프로그래밍을 통해 진로역량을
드러내는 경우가 많다. 간단하게는 학급의 자리배치 프로그램을 만든다거나,
기숙사나 학급의 홈페이지를 제작하고, 수학 교과 시간에 함수를 이해하기
위해 프로그래밍하여 그래프로 구현하기도 한다.

**위 학생은 지구과학 시간에 여러 종류의 암석들을 배운 후, 인공지능을
이용하여 암석들의 이미지를 학습시키고 암석분류 프로그램을 제작하며 본인의
관심 분야와 역량을 드러냈다.**

수학적 증명

〈고려대 신소재공학부, 연세대 신소재공학부, 한양대 신소재공학부〉

화학 시간에 접했던 플러렌의 구조와 특징의 연관성에 궁금증을 갖고
수학적으로 증명하며 분자의 구조와 특징 사이의 연관성을 탐구함. 다양한
형태의 플러렌이 구성하는 탄소의 수와 관계없이 오각형과 육각형으로
이루어진 구 형태에 가까운 형태인 플러렌의 오각형의 수는 일정하다는 것에
의문을 품고 오일러의 다면체 정리 등을 활용하여 이를 증명함. 분자의 결합
방식과 결합 구조가 어떤 부분에서 연관성이 있는지에 대해 더 깊이 이해할 수
있었다는 모습에서 깊이 있는 융합적 문제 해결력을 확인함.

〈한양대 의예과〉

약국이나 병원에서 약을 처방할 때 복용 시기와 복용횟수를 정해주는 기준을
조사하며 약물동태학에 관심을 가짐. **약물동태학**에서 약물의 작용 시작 시간,
반감기, 소멸시간을 계산할 때 적분을 사용하는 것을 알게 된 후, 시간과
약품의 농도에 따른 약물 복용 주기를 직접 계산해 봄. 시간, 농도 그래프의
공식은 모든 약이 같지만, 작용하는 시간과 지속 시간의 차이로 약 섭취 주기가
바뀐다는 것을 알게 됨.

※약물동태학(Pharmacokinetics, 藥物動態): 약물의 생체 내에 있어서의 흡수, 분포, 비축, 대사,
　배설의 과정을 연구하는 학문.

과학현상이나 경제 이론을 수학적으로 증명하는 탐구과정은 학생의 논리적
사고력과 융합적 사고력을 드러낼 수 있는 좋은 탐구과정 중의 하나이다.

사료를 통한 증명

〈연세대 교육학부, 고려대 역사교육과, 한양대 교육공학과〉

한-일 위안부 문제에 대해 일본의 주장을 학술자료 및 기사, 서적 등 객관적인 사료를 통해 분석하고 반박하는 주장을 제시함.[5] 그리고 이를 동영상으로 편집하여 온라인 커뮤니티에 게시함. 아직도 외국인뿐만 아니라, 우리나라 사람들도 이에 대한 인식이나 올바른 가치판단이 부족함을 이해하고, 앞으로도 쟁점이 되는 역사적인 내용을 조사하고 객관적으로 분석해 볼 것을 다짐함.

역사 분야의 진로를 희망하는 학생들은, 현재 쟁점이 되고 있는 사안을 과거의 사료를 통해 고증해 보는 것도 좋은 탐구방법의 하나이다.

'위안부는 매춘부'라는 발언으로 논란이 일었던 교수와 일본 외무성이 위안부에 대해 주장하는 내용을 일본군의 전쟁 당시 제48호 '야전주보규정'을 찾아보고 군인이 위안소 개설 명령을 하달받아 구내에 위안소를 설치하고 경영했음을 알 수 있었고, 독립공성중 포병 제2대대의 '위안소 사용 규정'을 조사하면서는 '업자'에 대한 언급이 거의 없으며 위안부의 외출금지 또는 외출 가능 규제가 기록된 부분을 찾아보며, 일본이 주장한 내용과 사료가 일치하지 않음을 깨달았음을 탐구보고서에서 확인할 수 있었다.

추가로, 이 학생은 일본과의 독도 영유권 분쟁 및 중국의 고구려, 발해 관련 동북공정 등 일본과 중국의 역사 왜곡에 대해 과거의 실증적인 역사적 자료들을 탐구하여 중국과 일본의 주장에 반박하는 보고서를 작성하고, 이를 바탕으로 우리나라 학생들이 역사에 대한 올바른 가치관을 정립할 수 있는 '사료로 보는 역사'라는 교과서 단원을 제작하는 활동을 진행한다.

주변의 문제 해결+통계 자료 활용+캠페인

〈영남대 약학과〉

폐의약품이 일반쓰레기와 함께 버려져서 환경에 크게 악영향을 미친다는
기사를 보고 폐의약품 분리수거에 대한 인식개선 프로젝트를 진행함.[6]
통계 자료를 통해 사람들의 약 60%가 인식 부족 및 불편함으로 폐의약품을
일반쓰레기와 함께 버린다는 것을 알게 된 후,[7] 폐의약품 분리수거의 필요성과
배출 방법을 이해하기 쉽게 전달하기 위한 포스터를 제작함. 추가로 지역의
폐의약품 분리수거함 설치 장소를 분석하고 행정복지센터, 지하철역, 대형마트
등 이용하기 편한 위치에 분리수거함 설치 추가 필요성을 주장[8]하고, 본인이
거주하는 아파트 분리수거장에 폐의약품 수거함을 설치함.

희망 진로와 관련된 시각으로 주위의 문제점을 살펴보고 해결하는 활동을 통해,
진로에 대한 관심과 역량을 보여줄 수 있다. 통계 자료는 기사나 관련 기관의
통계 자료를 인용하거나, 직접 설문이나 관찰을 통해 산출할 수도 있다.

주변의 문제 해결+전문이론 활용+창의적 산출물

〈동국대 경찰행정〉

학교 앞 사거리에서 학생들이 등하교 시 신호를 제대로 지키지 않아서 위험한 상황이 자주 연출되는 것을 보고 해결방안을 탐구함.[9] 문제의 원인을 대각선 횡단보도의 부재로 판단하고 대각선 횡단보도의 설치 기준을 조사한 후 실제 시행 사례를 근거로 학생들의 통행량이 많은 등하교 시간대에 시간제 운영방안을 구상함.[10] 동시보행신호기법을 이용하여 도로교통법 시행규칙에 따른 대각선 횡단보도 주의, 보조, 지시표지를 설치 기준과 장소에 따라 학교 앞 횡단보도에 적용하는 방식을 기획함. 추가로 인지심리학 관점에서 행위의 변화에 초점을 맞추어 '인지심리학과 설득' 등 관련 도서와 논문을 분석해서 효과의 위계 모델을 적용한 무단횡단을 줄일 수 있는 슬로건을 제작함.[11]

여러 탐구 경로를 활용하는 탐구의 과정은 탐구의 깊이를 심화시키고, 지적 호기심과 도전정신을 드러낼 수 있다.

실제로 여러 학생들이 이러한 문제를 인식하고, 학교와 시청에 건의하여 올해 대각선 횡단보도가 설치됨. 선배들의 이러한 활동을 본 후배들이 스마트폰 사용으로 인한 교통사고를 예방하기 위해 LED 바닥 신호등 설치 프로젝트를 진행함. 신호등 설치에 따른 효과와 필요성을 통계 자료와 학생들의 설문자료 및 '넛지'이론, 관련 기관의 설치 기준 분석을 통해 논리적으로 설명하는 건의문을 작성하고 도의원에게 건의한 결과, 직접 도의원으로부터 설치에 대한 건의를 받아들이겠다는 연락과 함께 구체적인 설치계획까지 건네받음. 이와 같이 **본인이나 선배들이 진행했던 탐구나 활동을 보완하거나 변형하는 활동을 기획하고 진행하는 것도 접근하기 쉬운 주제 탐구의 한 방법**이다.

독서+전문이론 활용+설문 조사+실험

〈고려대 경제학과, 연세대 경제학부, 한양대 경제금융학부〉

'경제심리학'과 '넛지'를 탐독하며 인간의 비합리성을 이용한 넛지이론에 관심을
갖고 넛지 마케팅의 실효성을 탐구함.[12] 학생 40명을 대상으로 질문지법을
이용하여 숙고 시스템과 자동 시스템에 의한 의사결정 방법과 프레이밍 효과,
쓰레기통의 외부형태에 따른 선호도 조사와[13] 학교 체육관 앞에 음료수를
마시고 있는 사람의 모습이 담긴 포스터를 부착한 후 학생들의 음료수 구매심리
변화를 분석하는 프로젝트 진행[14] 등을 통해 넛지의 실효성을 확인하는
모습에서 진로에 대한 깊은 호기심과 적극적인 도전 자세를 확인함.

경영이나 경제학과에서는 경제이론이나, 심리이론을, 자연이나 공학계열에서는
과학법칙이나 현상을 직접 적용하거나 실험해보며 이를 증명해보는 방식의
탐구과정이다.

독서+지식의 확장

〈한양대 의예과〉

유도 만능 줄기세포에 사용된 유전자 가위를 활용한 근이영양증 치료 방법과 원리에 호기심을 갖고 탐구함. '크리스퍼 유전자 가위(전방욱)', '생명의 설계도 게놈 편집의 세계(NHK 게놈 편집 취재반)' 등의 도서를 탐독하며 유전자 편집 기술과 유도만능 줄기세포의 구조와 질병치료에 활용되는 원리를 완벽히 이해함.

독서를 통해 '유전자 가위를 활용한 근이영양증 치료 방법과 원리'에 대한 호기심을 탐구하며, 궁금했던 내용뿐만 아니라, '유전자 편집 기술과 유도만능 줄기세포의 구조와 질병치료에 활용되는 원리를 완벽히 이해'했다는 기록에서 학생의 넓고 깊게 탐구해나가는 탐구역량을 확인할 수 있다.

이와 같이 단순한 호기심과 궁금증을 단순히 기사와 책을 통해 탐구하더라도, 이를 이해하기 위해 이와 연관된 여러 개념과 원리 등을 이해하게 되었다는 형태의 탐구방법도 많은 학생들의 탐구과정에서 살펴볼 수 있다. 물리치료학과를 희망하는 학생이 특정 신체 부위의 스포츠 테이핑 방법을 탐구하는 과정에서 확장하여 신체의 근육과 인대, 뼈, 관절 등의 구조를 이해하게 되었다는 등의 사례 등을 자주 접할 수 있었다.

미주

1 교과(전공) 융합+창의적 산출물: 사회와 수학 교과를 융합하는 융합적 사고력을 통해 벽란도에서 상품을 경매하는 게임 형태의 다문화 교육활동지와 수업지도안이라는 창의적인 산출물을 직접 제작하는 모습을 확인할 수 있다.

2 프로그래밍 관심 분야를 프로그램으로 제작하며 프로그래밍 관련 관심과 역량을 드러낼 수 있다.

3 프로그래밍을 하는 과정에서 발견한 문제점이나 오류를 해결하는 모습에서 도전정신과 문제 해결력을 확인할 수 있다.

4 팀 프로젝트에 참여하는 것은 혼자서 수행하기 어려운 프로젝트를 집단지성을 통해 고민하고 해결한다는 것에 큰 의미가 있다. 단, 자신의 역할과 각 팀원이 배우고 느낀 점이 다르게 기록되어야 한다.

5 사료를 통한 증명.

6 캠페인 활동.

7 통계 자료 활용.

8 주변의 문제 해결.

9 주변의 문제 해결: 주변의 문제에 관심을 갖고 관찰하여 해결방법을 모색함.

10 창의적 산출물: 학생들의 통행량이 많은 시간대에 시간제 운영방안을 구상함.

11 학술적 이론 활용: 인지심리학 관점에서 무단횡단을 줄일 수 있는 효과적인 이론적 토대를 바탕으로 적용 가능한 방안을 모색.

12 독서, 전문이론 활용: 경제 심리와 관련된 도서를 읽고 알게 된 이론에 관심을 갖고 실효성을 탐구하는 과정을 통해 관심 분야에 대한 지적 호기심과 지식활용역량을 보여줄 수 있는 탐구과정이다.

13 설문 조사.

14 실험: 독서를 통해 알게 된 이론을 직접 검증하는 적극적인 태도를 확인할 수 있다.

주제 탐구
활동 단계별
Tips

	참고 자료: 논문(Dbpia 검색), 신문, 선배들의 자료, 교과서 등

탐구활동 주제 선정	① **교과 시간에 배운 내용을 실생활에 적용해 보기**
	  예) ○○작용을 배우고 △△ 현상에 적용해 보기
	② **심화 질문을 만들고 책이나 논문을 통해 답 찾아보기**
	  예) ○○작용을 배운 후, ○○ 작용에 문제가 발생하면 어떻게 해결할 수 있을까?
	③ **문제 해결 과제를 설정하고 해결방안 구상하기**
	  예) ○○작용을 배운 후, 관련 심화 자료 탐독 → 작용이 일어나지 않는 상황을 통해 다른 문제 해결 가능성을 제시

탐구활동 설계	문헌 연구 vs 프로젝트 수행

이론적 고찰	• 도서: 궁금한 내용을 큰 틀에서 다른 개념과 연결 지어 이해 가능 • 학술자료(논문): 구체적인 데이터와 깊이 있는 설명과 분석을 통해 새로운 지식 습득 가능

| 탐구활동
실행 및
결과 도출 | • 문헌 연구: 연계 심화 질문의 답을 찾는 과정
• 프로젝트 수행: 설계 → 실행 → 결과 도출
　실행 시 어떤 방식을 활용할지 정하기 예) 설문, 실험 등 |

| 산출물 | 보고서 또는 창의적 산출물(보고서 외 산출물) |

주제
탐구활동
Tips

탐구활동은 학생들에게 많은 부담을 느끼게 하죠. 특히, 1학년 학생들에겐 더 크게 느껴지고, 진로 분야를 명확하게 정하지 못한 학생들 또한 많은 부담을 갖는 상황이죠. 잘해야 한다는 부담과 주제 선정의 어려움이 항상 있기에 많은 학생들이 실제로 탐구를 진행하지 못하고 간단한 자료를 요약 및 정리하는 수준에서 활동을 이어가고 있죠. 이러한 문제들을 한 번에 전부 해결할 순 없지만 조금이라도 학생들의 부담을 줄여주고자 몇 가지 방법들을 안내해 드릴게요. ^^

1. 다양한 주제에 대해서 자료를 찾는 간단한 활동부터 시작!!

부담 없이 할 수 있는 만큼만 해도 좋아요!

단순한 자료를 찾아보거나 책을 읽고 지식을 채우는 등 작은 노력을 꾸준히 하는 것이 중요해요.

2. 탐구과정에서 주제를 정하기 어렵다면, 정해진 범위에 대한 정보를 조사하고 관련된 논문 한 편을 정해서 따라서 해도 좋아요!!

논문과 기사 등을 읽으면서 탐구 방향을 정할 수도 있어요.

3. 단체활동 후 자신만의 노력을 추가하면 성장의 속도가 빨라져요!!!

대부분의 동아리활동에서 경험하는 순간이 오죠. 예를 들면 생명과학동아리에서 유전자 추출 실험 후 추가적으로 탐구를 진행하고 싶은데, 희망 진로 분야가 사회복지학인 경우에 유전자에 대한 이해와 선천적 질병에 대해서 조사한 후 선천적 질병의 치료과정

등 의료복지에 대한 탐구활동을 스스로 추가해서 기록을 남긴다
면 더 좋겠어요. ^^

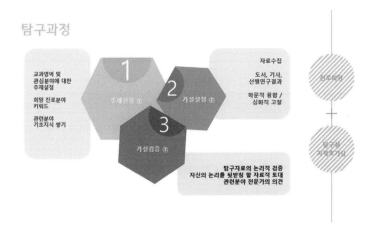

탐구과정

1 주제선정 ①
교과영역 및
관심분야에 대한
주제설정
희망 진로분야
키워드
관련분야
기초지식 쌓기

2 가설설정 ②
자료수집
도서, 기사,
선행연구결과
학문적 융합 /
심화적 고찰

3 가설검증 ③
탐구자료의 논리적 검증
자신의 논리를 뒷받침 할 자료적 토대
관련분야 전문가의 의견

첫도입의

탐구형
자기소개서

<유의사항>

최신 합격생들의 학교생활기록부 내용 중 창의적 체험활동(자율, 동아리, 진로)에
기록된 실례를 담았습니다.

학생에 대한 평가는 학교생활기록부 전체를 총체적으로 평가하며
본 책에서는 창의적 체험활동을 중심으로 소개하여
다양한 주제에 대한 탐구활동에 도움을 주고자 발췌하여 담았습니다.

주제별 탐구활동의 경험이 제한적일수록 탐구한 내용과 결과에 대한 만족도
및 평가가 아쉽게 느껴질 수 있지만 해당 학년과 해당 학기의 학업성적 등
함께 고려해야 하는 부분들이 있기에
활동의 수준만을 지원하는 대학들의 평균적인 상황에서 평가하고
보완 및 발전 방안에 대해서 기록했습니다.

사례에 나오는 탐구활동의 내용에 대한 평가만으로
대학 입시 결과가 결정되지 않을 수 있으며,
책에서 소개하는 내용과 똑같은 탐구 주제 및 학교생활기록부
기록의 활용 등은 부적합하므로 주의하여 주시기 바랍니다.

학교생활
기록부 사례

고려대·연세대·한양대
(경영학 관련 전공) 합격생

〈사정관의 총평〉

경영 및 경제학에 관련된 다양한 주제를 탐구함에 있어서 스스로 궁금증을 가지고
현상에 대한 이해를 위해 이론적 고찰을 통해서 관련된 기초지식을 쌓았어요.
이를 활용 및 응용하여 다양한 탐구 경험을 통해서 스스로 원하는 탐구적 절차를
수행해 내는 우수성을 보임.

♦ ♦ ♦

학교생활기록부 내용

Tips+ (입학사정관 평가)

기존 경제학의 '기대효용이론'과 행동경제학의
'전망이론'을 비교하며 수리 경제학의
한계와 행동경제학의 실용성을 탐구함. 미시
경제학에서의 기대효용이론에 따르면 인간은
항상 합리적이기 때문에 기댓값이 가장 높은
선택을 한다고 하지만, 직접 수학적 분석과 설문
조사를 해본 결과 특정 상황에서 비합리적인
선택을 하는 등, 설명할 수 없는 부분을

현상에 대한 궁금증
을 수학적으로 분석
하고 이론적 고찰을
통해서 사고력을
보여 주었어요.

행동경제학적인 관점에서 이해할 수 있었다고 보고서에 작성함. 행동경제학의 전망이론에 따르면 사람들의 효용 수준이 이익보다는 손실에서 더 민감하고 특히 이익 구간에서는 안전한 선택을, 손실구간에서는 위험한 선택을 선호하게 된다는 이론을 다른 것과 비교 분석을 통해 깨달았다는 모습을 통해 경제학자로서의 분석적 사고력과 지적 호기심을 확인함.

더불어 직접 설문을 통해 수학적 분석을 진행하는 등 탐구심과 탐구과정을 통해 분석적 사고력과 지적 호기심을 효과적으로 기술했어요!

경영동아리에서 2년 동안 에코백에 주문자의 캐리커처를 직접 그려주는 활동을 하며 적당한 가격을 책정에 어려움을 느낀 후, 그림 커미션에 대한 시장 가격 형성과 오해를 탐구함. 일반적인 시장 가격이 수요와 공급곡선이 만나는 점에서 형성된다는 논리와 재화는 균형가격에서 거래될 때 최대의 수익을 발생할 수 있을 것이라는 예상도 그림이라는 특수한 재화에 서는 예외적일 수 있음을 알게 되었다고 보고서에 작성함. 직관적인 이해를 위해 직접 그림 커미션 시장을 한달 동안 관찰하고 참여해본 결과, 아마추어 작가들의 커미션 가격은 균형가격보다 낮고,

스스로의 상황(문제)을 인식 하고 해결하기 위해 탐구 활동과 탐구과정에서의 느낀 점을 잘 기록했어요.

인기 작가들의 커미션 가격은 균형가격보다 높은 것이 수익 발생에 더 효율적일 수 있음을 이해하며 재화의 탄력성에 따라 가격책정이 달라질 수 있음을 깨달았다는 의견을 밝힘.

ESG 경영의 의미와 실천방안을 탐구하고, 탄소 중립을 위한 구체적인 방안으로 도심 속 나무의 양이 부족하여 탄소 배출이 증가하는 현상을 해결하기 위해 도시에 나무를 심어 이산화탄소를 줄이고, 도시민이 직접 프로젝트에 참여하며 지역 주민 간에 연대의식을 높이는 방안을 기획함. 해당 프로그램을 통하여 하루 평균 약 413ppm의 이산화탄소 농도를 줄일 수 있다는 결과를 도출함.

각각의 활동을 통해서 꾸준하게 궁금하거나 확인하고 싶은 주제를 스스로 탐구하면서 지적호기심과 탐구능력을 키워가는 과정을 보여 주었어요!

이러한 노력의 결과로 특정 주제탐구활동은 높은 수준으로 탐구를 진행했기에 학생의 열정을 확인할 수 있어요!!

코로나 바이러스19 사태가 길어지며 음식배달을
대행하는 업체들의 매출이 급성장하고 있다는
기사를 보고, 업계에서 가장 매출이 높은
세 회사의 특징과 마케팅 전략을 조사하고 직접
주변 사람들에게 설문 조사를 진행함. 소비자들에게
친근감이 가는 업체명에서부터 배달 어플의
디자인과 편리한 조작성, 실시간으로 배달 시간을
확인할 수 있도록 하는 전략까지 소비자들의 요구를
충족할 수 있는 다양하고 새로운 전략이 활용됨을
이해함.

소비자 심리를 이용한 패스트푸드 업체의 마케팅
전략을 조사함. 대다수의 업체가 로고의 색상을
식욕을 자극하고 지배력이 강한 빨간색을 사용하고,
기존 정상가격을 먼저 공지한 후 할인가격을
제시하여 가격에 대한 심리적인 부담을 낮추는
앵커링 효과 등, 소비자들의 심리를 공략하는
마케팅 전략을 구사함을 깨달음. 협력으로 정복하는
미래 사회를 주제로 일자리의 미래에 대한 강의를
보고, 필요한 상황에 맞춰 인력을 충원하여 일을
맡기는 경제 구조를 탐색함. '인공지능 시대'에
사라질 미래 직업에 대해 구체적으로 조사함.

지역에 지하철역이 개통되며 발생하는 교통과 상권 등의 변화를 탐구함. 대학이 밀집해 있는 서울의 대표적인 역과의 이동 거리와 시간을 기존의 대중교통과 비교 분석하여 이동시간이 약 1시간 감소함을 알게 됨. 또한, 역 인근의 아파트 매매가 상승 및 역 주변에 집중되는 업소들을 분석하며, 지하철역을 중심으로 형성되는 교통과 경제의 집중현상을 이해함.

최근 세계적인 기업들이 메타버스에 천문학적인 금액을 투자하고, 이를 이용한 마케팅을 구사하는 기사를 보고, 사람들이 메타버스에 집중하는 이유를 분석함. 반려동물을 키우는 사람이 자신의 반려동물과 닮은 아바타를 맞춤형으로 구현하고, 아바타를 꾸미는 것도 가능하도록 반려동물을 활용한 새로운 메타버스 플랫폼을 구상함.

ESG 경영을 위한 세부과제로 탄소배출을 줄이는 방안을 탐구함. 가장 많이 사용되는 SNS에서 바탕화면을 다크 모드로 설정하면 대기전력을 줄여 배터리 소모량을 30% 이상 절감할 수 있음을 알게 됨. 그러나 디자인이 소비자들의 선택을 받지 못한다는 점에 주목하여 어두운 배경을 특징으로 활용할 수 있도록 유성이 떨어지거나, 달의 모습이 변하는 모습을 아름답게 표현하는 등 여러 창의적인 배경화면을 직접 디자인함.

모의기업 만들기 활동에서 새로운 노래방의
경영방식을 구상함. 기존의 반주에 노래를 부르던
형식에서, 반주의 악보와 가수의 목소리에 맞춰
피아노를 연주하는 형태의 노래방을 구상함.
고객들의 수준에 맞춰 단계를 세분하고, 연주자가
동료와 같이 연주와 노래를 함께 할 수 있도록
하여 흥미와 친밀성을 높이도록 함. 기업의 마케팅
전략분석 활동으로 세계적인 조립형 가구제작 및
판매업체의 사례를 조사함. 고객이 직접 가구를
조립하고 배송되는 제품의 부피를 줄여 인건비와
운송비를 줄이고, 트렌드에 맞는 디자인을 적용하여
세계적인 기업으로 성장했음을 깨달음.

지역에 지하철역이 개통되며 발생하는 교통과 상권
등의 변화를 탐구함. 대학이 밀집해 있는 서울의
대표적인 역과의 이동 거리와 시간을 기존의
대중교통과 비교 분석하여 이동시간이 약 1시간
감소함을 알게 됨. 또한, 역 인근의 아파트 매매가
상승 및 역 주변에 집중되는 업소들을 분석하며,
지하철역을 중심으로 형성되는 교통과 경제의
집중현상을 이해함.

건국대(경영학과), 광운대(경영학부) 합격생

〈사정관의 총평〉

다양한 영역에서 희망하는 진로 분야에 대한 자발적이고 적극적인 탐구심을 보여주어 해당 대학에서 좋은 평가를 받을 수 있었음.

✦ ✦ ✦

학교생활기록부 내용

Tips+ (입학사정관 평가)

빅데이터에 관심을 갖고 "빅데이터 분석과 머신러닝(이영호)"을 읽은 후 확률적 데이터 생성모델의 한 종류로서, 인공 신경망을 기반으로 학습되는 변이형 생성모델을 탐구함. 변이형 생성모델이 동작하는 원리를 수학적으로 분석해 보고, 이를 활용하여 의료 이미지를 잠재 변수로 매핑하여 의사들이 의료 이미지를 분석하고

구상한 모의기업과 유사한 형태의 서비스를 제공하는 기업의 사례 등을 추가 탐구하여 자신의 탐구와 유사성 또는 차이점 등을 중심으로

진단하는 데 도움을 주는 의료 기기 및 소프트웨어를 개발하는 모의기업을 구상함.	추후 심화탐구로 연결하면 좋겠어요!
MZ세대의 소비 추세를 소비 트렌드 분석센터의 자료를 분석하여 자신이 선호하는 영역에서 깊게 파고들며 관련 제품을 소비하는 디깅소비가 트렌드임을 알게 된 후, 소비자들 입장에서 문화를 위해 구매할 제품의 종류를 늘리고 온라인에서는 경험할 수 없는 오프라인 소비의 장점을 극대화하는 방안으로 버스카드를 커스텀마이징했을 때의 구매욕구에 대한 설문 조사를 진행함.	자신의 관심 분야에 대한 지적 호기심과 탐구심을 보여주는 활동으로 설문 조사 후 피드백을 통해 분석까지 이어진다면 더 좋겠어요!
모의창업 활동으로 일교차가 심한 중동 사막의 현지인과 관광객을 대상으로 한 휴대용 친환경 열선담요 상품을 기획함. 체계적인 시장조사와 상품의 개발계획, 그리고 SNS를 활용한 마케팅 방법까지 실제 기업가의 입장에서 구체적인 계획을 세움. 공정무역의 필요성을 인식하고 우리나라의 공정무역 역사와 활성화 방안을 탐구함. SNS를 활용하여 노동자들의 실제 열악한 환경이 한눈에 강하게 들어오는 이미지를 활용하는 아이디어를 제시함.	상품기획과 효과적인 마케팅 전략의 수립 및 적용 과정에서 역량(학생의 특정 부분에서의 능력)의 성장 등을 추가로 기록하면 더 좋겠어요!

코로나바이러스19 위기 극복을 위해 방역과 소상공인들의 경제활동을 위축시키지 않는 방안을 고민한 끝에, 지역 요식업소들의 방역규칙준수 여부를 점검하여 이를 잘 이행하는 업소들에 영업시간을 연장해 주는 방안을 구상함. 이를 위해, 질병관리본부의 자치방역규칙을 조사 및 분석하고, 인근의 요식업소를 직접 방문하여 규정 준수 여부를 판단하여 방역 별점을 부여한 후 게시물로 작성함.

문제 상황을 해결하기 위한 노력과 추진력에 대한 부분이 인상적임.

실효성과 비슷한 정책의 사례·연구자료 및 이론적 고찰 등을 바탕으로 학문적 탐구도 병행되었다면 더 좋았겠어요!

재정을 관리하고 투자하는 데 어려움을 겪는 개인들을 위해 인공지능 자산 운영가의 역할을 하는 로보어드바이저를 탐구함. 로보어드바이저의 장점으로 데이터 기반의 객관적인 추천을 한다는 것과 시간과 장소의 제약이 적은 점, 낮은 최소 투자금액과 저렴한 비용 등이 있음을 알게 되었다고 보고서에 작성함. 포트폴리오를 추천하고 운용해 주는 비대면 자산 배분 투자 프로그램과 투자를 자동화하고 사용자의 투자 목표와 리스크 허용 수준에 맞게 최적화된 포트폴리오를 구성하여 제공하는 대표적인 로보어드바이저들의

"~비교 분석함." 등 보고서의 내용이 주를 이룸. 참고문헌과 자료 등 분석하는 과정을 기록하고, 분석과정에서 사고력의 성장 (예: 최적화된 포트폴리오를 구성하기 위해 데이터 분석력과 수리·논리적 사고역량의 중요성을 깨닫는 등) 등 역량의 변화도 기록하면 더 좋겠어요!

특징과 장단점을 비교 분석함. 추가로
지역경제를 살리기 위해 로보어드바이저의
자동 리벨런싱 기술을 이용하여 지역 내
중소기업에 투자하는 포트폴리오를 구성하는
모습에서 공동체 의식과 융합적 문제
해결력을 확인함.

성균관대(경영학과), 한양대(경영학부) 합격생

〈사정관의 총평〉

경영 및 경제학에 관련된 다양한 주제를 탐구함에 있어서 스스로 궁금증을 중심으로 자신만의 해결과정을 도출하기 위한 노력이 좋았어요.

✦ ✦ ✦

학교생활기록부 내용   Tips+ (입학사정관 평가)

소득 불평등에 관심을 갖고 지니계수를 활용하여 우리나라의 소득 불평등 현황을 OECD 국가들과 비교해 봄. 이후 전문 학술자료를 탐독하고 딥러닝 기술을 이용한 미래 소득 불평등 지니계수를 활용하여, 우리나라의 미래 소득 불평등 상황을 로렌츠 곡선을 통해 예측해 봄. 우리나라의 소득 불평등이 점점 심화된다는 결과를 도출한 후, 전통시장 지도 제작,

관심 주제에 대해 데이터를 분석하고 학문적으로 탐구하는 과정이 좋았어요!

전통시장 활성화 방안과 소득 불평등 격차 해소의 관계 및

전통시장 가격분석 앱 제작, 특화상품 브랜드 만들기 등 지역의 전통시장을 활성화 방안을 구체적으로 구상함.

효과성에 대한 탐구가 이어진다면 좋겠어요!

인건비 감소를 위해 도입된 키오스크 시스템이 노인이나 장애인 등 사회적 약자에게 불편함을 준다는 기사를 보고 새로운 키오스크 시스템을 구상함. 테이블마다 키오스크를 설치하여 여유롭게 조작하도록 하고 메뉴판의 가시성을 좋게 하여 기다리는 동안 메뉴를 선택하도록 하며, 단계적으로 조작하는 것이 아니라 주문이 많은 메뉴는 고유번호입력만으로 주문을 완료하는 기술 등을 구상함. 추가로 주문 방식을 표준화하는 방안 및 장애인들의 눈높이에 맞게 높낮이 이동이 가능한 시스템 구상 등, 사회적 약자를 위한 다양하고 창의적인 사고력이 인상적임.

객관적인 자료를 활용해서 관심 있는 주제를 탐구하고, 탐구과정에서 결과에 영향을 주는 요인들을 분석·활용하여 해결과정에 대한 자신만의 방법을 모색하는 등 창의적 사고력이 좋았어요!

그린스완을 조사하며 환경오염과 경제 위기를 접한 후 이를 해결하기 위한 다른 경제 방식 중 구독경제를 탐구함. 다양한 구독경제 플랫폼의 마케팅 전략을 비교 분석하고, 가장 매출이 적은 구독경제 플랫폼의 활성화를 위한 전략을 구상해 봄.

글로벌 시장조사 업체와 우리나라의 경영경제연구소 자료를 바탕으로 현재 인기를 끌고 있는 구독경제 플랫폼들이 행동경제학적인 접근이나, 연관된 기업들과의 합작 및 적극적인 할인 혜택과 가입제도 등을 통해 고객 유치에 성공했음을 알게 되었다고 보고서에 작성함. 이후 가장 뒤처지는 구독경제 플랫폼의 매출 상승전략으로 제공하는 서비스에 따라 가격을 차등적으로 매기는 수익 경영 방안과 연관회사와의 연동을 통한 마케팅을 통한 방안을 제시함.

미국의 무역정책 중 IRA 법이 여러 국가에 미치는 실질적인 영향에 호기심을 갖고 탐구함. 중국 이외의 다른 국가에 보조금을 주는 IRA 법이 결국에는 중국에만 관세를 부과하는 것과 같은 효과를 발생시킨다는 것을 이해하고, 이로 인해 중국과 미국의 잉여 손익이 어떻게 산출될지 수요공급 그래프를 활용하여 중국과 미국의 잉여 손익을 직접 계산해 봄. 이를 통해, 자율경제 체제하에서 정부가 시장에 개입할 경우 결국에는 잉여 손실이 발생함을 알게 되었다고 보고서에 작성함.

국민대(AI빅데이터융합경영학과), 가톨릭대 (경영학과), 덕성여대(글로벌융합대학) 합격생

〈사정관의 총평〉

활용 가능한 프로그래밍 능력을 적극적으로 적용하여 다양한 문제 상황을 해결하기 위해 노력하는 문제 해결력과 지식의 활용능력이 좋았어요!

✦ ✦ ✦

학교생활기록부 내용

Tips+ (입학사정관 평가)

환경보호를 위한 기후 관련 모의 국제 협의에서 환경파괴에 대해 선진국이 개도국에 보상하는 방법과 공정무역을 위한 제도 콘퍼런스에서 국가와 의제별로 보고서 및 결의안을 작성함. 특히, 브라질의 대표로서 자국의 환경문제와 경제문제를 구체적으로 분석한 자료를 기반으로 선진국들이 아마존의 원주민들에게 인간적인 삶을 위해 금전적 지원 및 기술이 부족한

자료들을 논리적으로 분석하는 과정과 노력을 통해서 학생의 성장에 초점을 두고 기술한다면 더 좋겠어요!

개도국에는 강물 정화, 숲 보호 기술을 공유해야 한다고 주장함. 또한, 커피 수입국들이 개발도상국의 어린이들을 위해 커피값의 일정 비율을 어린이 보호금으로 지정해야 한다고 주장하는 모습을 통해 **세계시민으로서의 환경극복 의지 및 태도를 확인함.**

"환경극복 의지 및 태도"도 좋지만 환경극복을 위해 학생의 관심 분야인 경영학적 접근 방법을 조금 더 탐구해서 적용한 다면 좋겠어요!

자동차 주행시간의 26%가 정차 중 공회전으로 인해 연료를 낭비하고, 환경오염도 가속한다는 기사를 보고 공회전으로 주행 가능한 길을 안내하는 '그린루트'라는 앱을 제작함. 특히, 앱 제작 프로그램을 활용하여 날짜를 입력하면 과거 도로 주행 빅데이터를 기반으로 이동시간을 실시간으로 안내해 주는 기능 등을 추가하며 기존의 유사 프로그램들과 차별화를 하는 등 기업가적 자질과 창의력을 확인함. 앱을 제작한 후에는 인공지능 더빙을 활용하여 홍보 영상을 제작하고 발표하여 친구들의 호응을 얻음.

아이디어를 구현할 수준의 프로그래밍 능력과 창의력을 확인할 수 있어서 좋았어요! 면접에서 관련 사항을 확인할 수 있으니 복습은 필수!

꿈이룸 심화 아카데미 경영 · 경제 특강(2023. 05. 23.~2023. 05. 30./4시간)에서 가격탄력성에 대해 배운 후 이를 활용하여 세계 원유 시장에서 공급감소가 원유 가격에 미치는

장단기 영향을 분석함. 석유의 공급감소에 대한 사회의 대처능력이 높아져 수요와 공급의 탄력성이 높아져서 장기적 고유가 담합은 OPEC에게 불리하다는 결론을 내림. 추가로 세계적인 커피브랜드가 우리나라는 가격을 내려도 기존 구매 고객만 구매를 하므로 오히려 매출이 떨어지기 때문에 부유한 나라의 경우 상대적으로 낮은 가격을, 가난한 나라의 경우 상대적으로 높은 가격을 측정한다는 것을 알게 되는 등 경제원리를 이해하는 것이 경영전략에 필수적임을 깨달았다고 보고서에 작성함.

특강에 이어서 스스로 탐구활동 후 보고서를 작성하는 과정이었다면 좋겠어요!

특히, 해당 과정에서 경제 원리를 이해하는 과정과 경영전략에 적용한 내용을 스스로 고민하고 해결하는 과정에 대한 노력과 성장이 추가된다면 더 좋고요, 해당 능력이 이후 활동에서 두드러진다면 좋겠어요!!

대표적 빅데이터 분석 방식인 텍스트 마이닝을 활용한 광고가 마케팅에 얼마나 효과가 있을지 호기심을 갖고 탐구함. 자주 사용하는 중고 거래앱의 최근 1개월간 뉴스 기사 키워드 2000개를 70개의 단어로 텍스트 마이닝한 결과와 실제 중고 거래앱 광고의 핵심 키워드를 비교해보니 **많은 내용이 겹치는 것을 알게 되었다고 보고서에 작성함.** 추가로 학생이 거주하는 아파트에서 진행하는 보드게임 프로그램이 수강자 모집이 어렵다는 것을 알게 된 후,

자신의 장점을 활용해서 개선이 필요한 지역의 특정 활동에 대한 마케팅 방법에 적용하여 문제를 해결하는 능력이 좋았어요!

텍스트 마이닝을 활용한 광고의 효과성을 분석함에 있어서 객관적인 탐구와 논리적 추론과정이 추가된다면 더 좋겠어요!!

지역활동 프로그램의 장점과 보드게임의 장점을 텍스트 마이닝 하여 나온 핵심 키워드를 가지고 지역프로그램 홍보 포스터를 제작하는 등 지식활용역량이 인상적인 학생임.

교내 환경관련 교육 후 기업과 소비자가 환경을 보호하기 위한 노력에 관심을 갖고 탐구함. MZ세대는 친환경 제품 구매를 선호하고 이를 사회관계망에 올려 과시하는 특성이 있다는 것을 알게 됨. 실제 학급 친구들에게 친환경 제품 구매 선호에 대한 설문 조사를 실시하고, 이를 통해 **친환경적인 마케팅의 중요성을 깨달았다는 결론을 도출**함. 이후 MZ세대의 친환경 제품 소비 증가에 따른 기업의 마케팅 방향성과 리사이클링 제품은 외관도 중요하지만 **스토리텔링이라는 상품판매 전략이 매우 중요하다**는 것을 무라벨 생수를 예를 들어 설명한 보고서를 작성하고, 학급 친구들과 리사이클링 화분을 판매한 후 수익금을 환경단체에 기부함.

판매전략에 영향을 주는 요인의 효과적인 분석과정을 중심으로 기술하고, 화분에 분석한 결과를 적용하는 과정을 추가 후 판매 결과를 통해서 스스로 세운 결론(판매전략)에 대한 피드백까지 있었다면 좋았겠어요.

고려대(경제학과), 연세대(경제학부), 한양대(경제금융학부) 합격생

〈사정관의 총평〉

현상에 대한 이론을 공부하여 자신만의 생각을 논리적으로 도출하고,
현실에 적용하는 실증적 탐구과정까지 연결한 우수한 수준의 탐구과정을 보여주었어요!
또한, 탐구과정에서 두드러진 학생의 역량 성장 및 변화까지 잘 기록했어요!!

+ + +

학교생활기록부 내용

Tips+ (입학사정관 평가)

'경제심리학'과 '넛지'를 탐독하며 인간의
비합리성을 이용한 넛지이론에 관심을 갖고
넛지 마케팅의 실효성을 탐구함. 학생 40명을
대상으로 질문지법을 이용하여 숙고 시스템과
자동 시스템에 의한 의사결정 방법과 프레이밍
효과, 쓰레기통의 외부형태에 따른 선호도 조사와
학교 체육관 앞에 음료수를 마시고 있는 사람의
모습이 담긴 포스터를 부착한 후

프로젝트 진행 등을 통해 넛지의 실효성을
확인하는 모습을 통해 진로에 대한 깊은
호기심과 적극적인 도전 자세를 확인함.

환경보호를 위한 기후 관련 국제 협의에서
선진국들의 개발도상국들에 대한 기후 손실
피해 보상에 대한 새로운 안을 구상함.
학술자료를 통해 일본, 프랑스, 독일,
노르웨이, 덴마크 등 선진국의 지원금과
지원 방식을 분석한 후,
일부 선진국들이 제시했던 차관 형태의
보상안은 개발도상국에 대한 보상이라는
본래의 목적보다 경제적인 목적이 크게
작용했음을 깨닫고, 개발도상국의 차관에
대한 부담감과 선진국의 재원사용의
불투명성에 대한 우려를 고려하여 기존의
차관 형태에서 개발도상국으로의 재원
사용 **보고서를 통해 재원 사용의 건전성과
투명성이 확보되면 차관액을 탕감하는
형태의 절충안을 작성하는 모습을 통해
분석적이고 유연한 사고력을 확인함.**

현상 및 문제의 원인에
대한 이론적 탐구를 바탕
으로 자신의 생각을 정립
하고 적용하는 탐구과정과
이러한 탐구과정에서
나타난 학생의 역량의
성장 및 특징에 대한
교사의 평가까지
잘 기록했어요!!

경제학에서 미분의 활용에 호기심을 갖고
한계비용을 조사하던 중 기업의 생산량과
이윤극대화 생산량은 일치할지에 대해
궁금증을 갖고 탐구함.

이윤극대화의 의미를 정확히 파악하기 위해 미분의 개념을 활용하여 한계비용과 한계비용이 같아지는 점에서 기업의 이윤이 극대화됨을 이해함. 일반적으로 기업은 이윤 창출을 목적으로 하므로 기업의 생산량과 이윤극대화 지점의 생산량은 같아야 하지만 한계비용과 한계수입에 대한 정보수집의 어려움과 학술자료를 통해 모든 기업이 무조건 이윤극대화만을 추구하지는 않음을 알게 되었다고 함. 따라서 절대적으로 이윤극대화 이론을 신뢰하지는 말되 기업의 선택은 아예 이윤극대화와 동떨어져 있지는 않으므로 다른 가설들 또한 함께 도입, 병행하여 기업의 행동을 분석하고 예측해야 한다는 결론을 도출함.

'빅스텝'의 개념과 이를 제재하기 위한 수단을 탐구함. 현재 중앙은행이 연속 5회 금리 인상을 한 이유를 수업 시간에 배운 환율과의 상관성과 통화정책을 바탕으로 이해함. 경제이슈에 대해 이해하기 위해서는 경제 전반에 관한 기본적인 지식과 흐름을 이해하는 역량이 필요함을 깨닫고, 이러한 노하우를 주변 친구들에게도 알려줌.

서울대(경제학부), 연세대(경제학부), 고려대(경제학부), 성균관대(사회과학계열), 한양대(정책학과) 합격생

〈사정관의 총평〉

다양한 문제들에 대한 자신만의 해결책을 제안하기 위해 꾸준히 노력하고,
교과서와 다양한 자료를 활용하는 탐구활동을 보여주었어요.
과목별 세부능력 및 특기사항에서 두드러지는 탐구역량과 학업성적이 좋을 가능성이
있겠어요.

✦ ✦ ✦

학교생활기록부 내용

Tips+ (입학사정관 평가)

노인 대중교통 우대 정책에서 지역별로 소외되는
대상은 없는지 분석하고 해결방안을 모색함.
다른 나라의 노인 교통 우대 정책을 조사하고
참고하여 우리나라 정책의 대상 기준 연령을
상향 조정하고, 지역에 따라 정책의 혜택이 적은
노인에겐 추가 특별 복지금이나 다른 분야에서의
추가적인 혜택을 부여하는 정책 수정안을 제안함.

미국의 금리 인상 및 긴축 정책이 우리나라 경제에 미치는 영향을 국제 경제 교과서와 KDI 보고서 등을 참고하여 분석함. 국내 물가와 경기를 고려하여 독립적인 통화정책을 운영하고, 자본 유출로 인한 경제 침체보다는 고물가와 가계 부채 부담에 초점을 맞춰 소폭으로 금리 인상을 해야 한다는 결과를 도출함.

기존의 주문 중개 플랫폼의 과도한 수수료 문제 해결을 위한 지자체 주관 주문 중개 플랫폼 제작을 기획함. 상대적으로 적은 수수료, 다회용기 포장 시 할인 등의 차별성을 바탕으로 애플리케이션 제작 계획서 및 애플리케이션 플로우 차트를 제작함. 이를 통해 지역의 소상공인과 소비자 모두에게 큰 효용을 누릴 것이라고 기대효과를 분석함.

자살 예방 교육 후 우리나라의 노인 자살문제의 심각성을 인지하고 통계청, 한국노인인력개발원 등을 방문하여 노인 빈곤, 일자리, 경제활동 등의 통계 자료를 조사 및 분석함. 노인 빈곤 문제 해결을 위해 노인 일자리 확대, 국민연금,

관심을 가지고 있는 다양한 문제들을 해결하기 위해 교과서와 전문자료 등 많은 자료를 효과적으로 분석하고 활용하여 자신만의 대안을 제안하는 활동을 꾸준하게 진행한 부분이 인상적이군요!

자신이 제안한 기대효과를 분석하는 과정에서 객관적인 근거를 명시하거나 분석과정에서 필요한 역량 (학문 간의 융합적 고찰 또는 수리적 사고력을 바탕으로 한 분석력 등등) 의 성장과 학생의 특징을 평가한 내용이 더해진다면 더 좋겠어요!!

기초연금 등과 같은 공정연금과 사적연금 제도 개선의 필요성을 느껴 이를 기사로 작성하고, 해결을 위한 여러 정책을 구상함.

브랜드의 이름이 갖는 가치가 소비자에 미치는 영향을 설문 조사를 통해 확인하고, 이를 소비 심리적 측면에서 탐구함. 추가로 브랜드 리뉴얼의 효과를 알아보기 위해, 배를 주원료로 삼는 특정 음료수의 브랜드 네이밍을 진행함. 기업은 단순 마케팅 전략으로 소비자를 현혹하지 않고 가치가 있는 소비를 유도하는 현명한 마케팅 전략을 구사할 것을 주장함.

기후 온난화 교육 후 기후위기의 심각성을 주변 사람들이 인지하지 못한다는 문제를 해결하기 위해, 2050 탄소 중립과 그에 따른 산업계의 역할 및 생활 속에서 실천 가능한 탄소 중립 실천방안들을 탐구함. 이를 기반으로 카드뉴스 및 포스터를 제작하여 지구 온난화 문제에 대한 심각성을 주변 사람들과 공유함.

시립대(세무학과), 국민대(국제통상학과), 단국대(무역학과), 덕성여대(인문사회계열), 명지대(국제통상학과) 합격생

〈사정관의 총평〉

하나의 현상에 영향을 주는 요인을 다양한 방면으로
일반적인 수준에서 탐구하면서 기초지식을 꾸준히 쌓는 열정을 확인했어요!

♦ ♦ ♦

학교생활기록부 내용

Tips+ (입학사정관 평가)

경제학의 10대 원리를 배우고 각각의 사례를
조사함. 수요와 공급의 개념을 토대로 수요곡선과
공급곡선을 도출하고 균형가격과 균형거래량이
정해지는 과정을 살펴보고 시장경제 체제에 대한
이해도를 높임. 수요와 공급의 가격탄력성의
개념을 활용하여 미국의 스마트폰 업체의
수요 예측을 통한 국가별 마케팅 전략과
석유 생산국들의 석유생산량 조정을 통한

"심도 있게 분석하는"
을 조금 더 구체적인
내용으로 대체하고
그 과정에서 필요한
능력(경제학 이론과 입증
을 위한 수학적 사고력 등)에
대한 평가가 있다면
좋겠어요!

공급량 조절 등의 사례를 **심도 있게 분석하는 모습**을 통해 도전정신과 발전 가능성을 확인함.

코로나 시기에 시행했던 재난지원금 지원정책을 지급 방법과 지급방식, 지급 대상에 따라 분석함. 특히, 재난지원금 지원대상을 건강보험료를 기준으로 선정하는 것에 대한 의견으로 재난 피해자들을 보호하고 더 많은 도움을 필요로 하는 취약계층을 지원함으로써 사회적 공정성을 실현한다고 주장하는 찬성 측 의견과 정부에 재정부담을 가중시키며 건강보험료 지원금 지급을 위한 기준과 세부 사항을 결정하는 것이 복잡하고 어렵다고 반대 측 주장을 모두 고려하여 고민하는 모습이 인상적임. 가장 취약한 계층인 저소득층, 노인, 장애인, 어린이 등을 중심으로 건강 지원금을 지급하는 것이 타당하다는 결론을 내리는 모습을 통해 **논리적 사고력과 포용력을 확인함.**

논리적 사고의 과정과 포용력을 인정받기 위해서 분석 결과를 줄이고 과정에서 논리력을 보여줄 수 있는 수준에서의 탐구과정이 있었다면 좋겠어요!!
(취약계층의 필요성을 증명할 통계 등에 대한 분석과정과 지급 시의 기대효과 등)

환경보호를 위해 재생에너지로 기업생산을 대체하겠다는 RE100 캠페인이 무역에 미치는 영향을 탐구함. **우리나라와 세계적인 대기업, 국가들의 정책을 조사하고 분석하며RE100이** 기업의 재생에너지 사용을

일반적인 탐구결과에 더불어 구체적인 상호작용의 원리를 학문적으로 탐구하거나 정책과 기업 · 국가의 상관관계를

촉구하는 수준이 아니라, 재생에너지 확보를
위한 국제적인 재생에너지 무역, 기업의
친환경 이미지 구축을 통한 기업 경쟁력
확보 및 재생에너지 산업 및 보호를 위한
**국가정책이나 무역정책에 깊숙이 영향을 미칠
수 있음을 알게 되었다**고 보고서에 작성함.
재생에너지 관련 기술과 정책 등에 국가와
기업이 한발 앞서 움직이는 것이 환경뿐만
아니라 국가와 기업의 경영에도 큰 도움이 될
것이라는 의견을 밝힘.

분석자료를 추가로
탐구하고 그 과정에서
필요한 역량을 추가하면
더 좋겠어요!!

간접광고의 유형과 효과를 탐구함. 간접광고
유형으로는 잠재의식을 이용한 광고와 PPL,
옴니버스 광고 등이 있는데, 간접광고가
직접광고보다 효과가 더 큰 경우가 많기
때문에 광고주들은 직접광고보다 간접광고를
더 선호함을 알게 됨. 그러나 드라마
등에서 과도한 상품 브랜드를 삽입하면
내용에 집중하는 것을 방해할 수 있으므로,
간접광고의 삽입을 적절히 조절해야 함을
깨달음. **추후 공정무역제품을 직접광고와
간접광고의 두 방식으로 제작하여 효과를
분석해 볼 것을 다짐함.**

탐구 계획에 대한 추가적인
탐구가 이어졌다면
좋겠어요. 물론, 창의적
체험활동이 아닌 특정
교과목에서 보여줘도
좋아요!

우리나라가 노인, 장애인, 외국인 노동자
등 사회적 소수자들에게 관심과 배려가
부족함을 느끼고, 선진국의 사회적 소수자에
대한 국가정책 및 사회적 분위기를 조사함.
경제적인 지원뿐만 아니라 정보 소외를
느끼지 않도록 노인 전용 방송 채널을 별도로
운영한다는 사례를 보고, 직접 장애인이나
노인 전용 채널을 운영해 볼 것을 다짐함.

관심 분야에 대한
기초적인 자료조사와 지식
을 습득하는 과정을
확인했어요!

가짜뉴스로 인한 문제가 점점 커진다는
기사를 보고, 가짜뉴스의 다양한 사례를
조사하고 해결책을 고민함. 미디어의
무책임한 정보전달에 대한 강력한 법적인
처벌과 미디어를 이용하는 사람들의 정보를
선별하는 능력이 모두 필요함을 깨달음.
추가로 미디어 리터러시 관련 책을 읽으며
정보를 비판적으로 해석하고 검토할 수 있는
역량을 갖추기 위해 노력함.

국민대(사회학과),
세종대(행정학과) 합격생

〈사정관의 총평〉

논리적으로 추론하려고 하는 분석적 자세를 확인했으며,
문제를 인식하고 해결하고자 탐구하는 자세가 좋았어요!

+ + +

학교생활기록부 내용

Tips+ (입학사정관 평가)

청소년 선거권 확대의 효과 및 필요성을 탐구함.
관련 기관의 통계 자료에서 19세의 2017년
대통령 선거 투표율은 77.7%로 2007년 대통령
선거에 비해 23.5%나 증가하였다는 자료를
근거로 청소년의 투표율이 저조하여 정책의
효과가 없을 것이란 주장은 옳지 않다고 주장함.
추가로 같은 학교 학생들 52명을 대상으로

사회현상을 학생들에게 적용해서 자신의 생각을 증명하는 실증적 탐구를 진행하고 분석하는 과정이 좋았어요!

청소년 선거권이 확대되면 선거에 참여할 의향이 있냐는 설문에 78.8%의 학생들이 참여할 것이라는 결과를 도출하며, 청소년 선거권 확대는 교육이나 아동 청소년 관련 정책이나 법률제정 시 당사자들의 의견을 직접적으로 수용하는 계기가 될 것이라는 의견을 보고서에 밝힘.

전동킥보드가 건물 안이나 횡단보도, 좁은 골목길 등에 무분별하게 주차되어 통행에 불편을 주는 문제를 인식하고 해결방안을 고민함. 조사를 통해 전동킥보드 전용 주차장이 업체마다 존재하지만 다른 업체와 공유할 수도 없고 목적지와 주차장까지의 거리가 먼 경우가 많기 때문에 주차로 인한 문제가 발생함을 알게 되었다고 보고서에 작성함. 추가로 해외의 사례를 조사하여 프랑스와 미국의 캘리포니아 산타모니카처럼 공유 주차장을 만들어야 하는 것과 주차위반 시 전동킥보드 업체와 사용자가 견인료를 공동 부담해야 한다고 주장하는 모습을 통해 사회에 대한 **문제의식과 이를 해결하기 위한 실천력**을 확인함.

문제의식과 실천력에 대한 일반적인 수준에서의 관심을 확인했어요!

해결과정에서 제시한 해외사례의 유효성과 국내 도입 시 기대효과까지 체계적으로 분석 및 증명 했다면 더 좋았겠어요!!

숭실대(행정학부), 강원대(행정심리학부), 경기대(공공인재학부) 합격생

〈사정관의 총평〉

학교를 포함해서 생활하는 주변의 여러 가지 문제들을 해결하기 위해 고민하고,
원인을 효과적으로 개선하기 위한 일련의 노력을 지속하는 자세가 좋았어요!
활동을 진행하면서 문제를 해결해 가는 과정에서의 탐구과정의 발전을 확인했어요!!

✦ ✦ ✦

학교생활기록부 내용

Tips+ (입학사정관 평가)

뉴스를 통해 청소년들이 무지에 의해 범법행위를
저지를 가능성이 있음을 인지하고, 이를
예방할 수 있는 캠페인을 진행함. 설문을
통해 청소년들이 제대로 인지하지 못하는
범법행위들을 조사하고, 가장 비율이 높게 나온
지적 재산권과 산업 재산권 관련 내용을 사례와
함께 정리하여 홍보함.

사회현상을 스스로
조사하고 분석하는 등
문제의식과 탐구정신
이 좋았어요!

학교 기숙사의 규정이 새롭게 변화한 시스템에 부합하지 못하다는 것을 발견하고 이를 개정하는 프로젝트를 진행함. 기숙사 자치회 구성 및 실내화 착용 의무 등의 규정을 현 실정에 맞게 개정하고, 기숙사의 예산 사용이나 프로그램을 기숙사생들의 의견을 수용하여 반영하는 조항 신설 등, 규정 보완을 통해 민주적이고 학생들이 주도적인 역할을 하는 기숙사가 되기 위한 토대를 갖추기 위해 노력하는 모습이 인상적임.

상황을 개선하고자 노력하는 과정에서 능동적인 태도도 보여주었어요!!

전동킥보드 이용으로 발생되는 문제를 콥과 로스의 분석의 틀로 해결해 보는 활동을 함. 운전할 수 있는 자격이 없는 사람들이 보행자의 안전을 위협한다는 점과 최근 또래 괴롭힘의 수단으로 킥보드가 이용되고 있는 문제점을 해결하고자 본 활동을 계획하게 되었음을 보고서에 밝힘. 킥보드 인식과 관련 본교 학생들을 설문 조사하였으며 '우리 모두 참여하는 회의'에서 건의한 내용을 바탕으로 탑승 안전에 대한 프린트물도 배부하는 캠페인을 동시 진행함. 하향식의 동원형 정책 의제 설정에는 한계가 있다는 점과 문제-이슈-공중-정부의 형태를 띠는 외부 주도형의 방식을 본교에 적용하여 성공적으로 실현하였음을 활동 간 관찰함.

문제 상황을 인식하고 개선하는 과정에서 좀 더 효율적이고 논리적 탐구과정을 스스로 터득하고 실제 현장에 적용하는 모습이 인상적이군요!!

광운대(행정학과), 덕성여대(인문사회계열), 서울여대(행정학과) 합격생

〈사정관의 총평〉

지속가능경영을 기숙사 운영에 적용하기 위해 방법을 모색하는 실천하는 자세가 좋았어요.

✦ ✦ ✦

학교생활기록부 내용

Tips+ (입학사정관 평가)

기업들뿐만 아니라, 개인과 공공기관도 지속가능경영을 위해 노력해야 한다는 생각에 현재 실천 가능한 방안으로 기숙사 분리수거 시스템의 문제점을 관찰함. 기숙사생들에게 설문 조사와 인터뷰를 통해 배출이 많은 종이류 등의 분리수거함 확충, 분리수거 포스터 제작, 폐의약품 및 폐건전지 수거함을 설치한다는 실천방안을

방법을 찾기 위해 설문 조사, 인터뷰, 수거함 확충, 홍보를 위한 마케팅 등 프로젝트의 진행에 많은 시간과 노력을 기울이고 적극적으로 참여한 부분이 좋았어요!

구체화하고 프로젝트를 진행함. 특히, 학생들이 경각심을 가지고 분리수거에 관심을 끌기 위해 해양 생물들이 고통받는 사진 등을 활용하여 간단하지만, 효과가 큰 포스터를 제작하는 등, 많은 사람들이 공감하고 참여할 수 있는 **인식전환을 위해 노력하는 모습이 인상적임.**

설문 조사와 인터뷰를 위해 문항의 구성과 결과를 효과적으로 분석하는 등 과정이 추가되면 더 좋겠어요! 그리고 효과적인 마케팅 전략을 수립하기 위해 유사한 캠페인 등 정보수집 및 분석 등의 과정이 추가되고 프로젝트 수행의 결과(문제점의 개선 여부 등)와 함께 기록 후 과정에서 스스로 고민하고 성장한 내용이 추가된다면 좋겠어요!!

동국대(법학과), 숙명여대(법학부), 국민대(법학부), 상명대(행정학부) 합격생

〈사정관의 총평〉

활용 가능한 프로그래밍 능력을 적극적으로 적용하여 다양한 문제 상황을 해결하기 위해 노력하는 문제 해결력과 지식의 활용능력이 좋았어요!

✦ ✦ ✦

학교생활기록부 내용

Tips+ (입학사정관 평가)

범죄자 신상공개제도에 의해 공개된 증명사진이 실제와 크게 다르다는 점을 발견하고 관련 법률을 분석하여 피의자의 동의가 없다면 범죄자 식별을 위해 찍은 피의자의 얼굴 사진을 공개할 수 없다는 문제점을 지적함. 범죄자 인상착의 기록 사진을 공개하도록 의무화하는 방안과 수사 과정에서 촬영한 사진·영상물을 공개하는 방안을 제안함.

법과 관련된 일상의 문제들에 관심을 가지고 스스로 궁금한 부분들을 해결하는 과정이 좋았어요.

추가로 온라인 토론 방에서 '피의자 신상공개제도 적용 대상 확대는 필요한가?'에 대해 찬반 토론을 진행하며, 사건 당사자들이 모두 능동적으로 참여하고 피해자의 권리 보호에 중점을 두는 '회복적 사법'의 중요성을 강조함.

규정에 어긋나는 복장으로 교내 선도위원회에 이름이 올라가는 학생들의 대다수가 1학년임을 깨닫고, 학교 규정을 정확하게 알려주는 캠페인을 진행함. 우리 학교의 학교생활 인권 규정에 대해 질문지법을 활용하여 설문 조사를 실시한 결과, 학교생활 인권 규정의 내용을 정확하게 알지 못해서 선도 처분을 받을 뻔했던 학생들이 전체의 과반수를 차지한다는 사실을 알게 되었다고 보고서에 작성함. 이후 학교생활 인권 규정 OX 퀴즈를 만들고 정답을 맞힌 학생에게 상품을 지급하는 방식으로 학생들이 본인과 연관된 규정을 정확히 인식할 수 있도록 노력하는 모습을 통해 미래 법조인으로서의 역량과 적극성을 확인함.

이후에 이어진 주제별 탐구에서 탐구역량과 논리적 추론 등 역량의 성장도 확인이 가능했어요!

환경문제 해결에 각 나라마다 입장의 차이가 있음을 깨닫고, 환경파괴에 있어서 선진국이'개발도상국에 어떤 방식으로 보상을 할 것이냐는 의제에 대해 전문 학술자료를 바탕으로

보고서를 작성하고 논의하는 모의 국제회의를
진행함. 수석 행정관으로서 각 나라의 이해관계를
고려하여 결의안을 작성하는 과정에서 리더십과
세계시민으로서의 자질을 함양함. 회의에서는
선진국의 대표로서 기술 공유 시스템 구축과
같은 비금전적 방향으로의 지원이 중점적으로
이루어져야 한다는 의견을 밝히고, 전 세계의
생존을 위협하는 환경문제 해결을 위해 국제법상
구속력을 갖춰야 한다고 주장함.

당면한 이슈에 대해서
효과적이고 합리적인
해결을 위해 학술자료
와 사료를 분석해서
논리적으로 분석하고
접근하는 자세가
좋아졌어요!

위안부 피해 문제에 대한 일본의 잘못된 주장을
바로잡기 위해 관련 사료를 탐구함. 위안부
모집 및 운영 과정에서 군의 개입은 없었으며,
이를 입증하는 증거도 없다는 일본 외무성의
주장을 반박하기 위해 일본군의 전쟁 당시
'야전주보규정'과 위안부 모집에 관한 문서를
조사함. 일본이 군의 공식적인 법령을 토대로
위안소를 운영해 나갔고, 위안부 모집 및 운영
과정에서 군의 개입이 존재하지 않았다는 주장이
거짓이라는 사실을 확인함. 추가로 위안부 문제에
대한 진실을 알리기 위해, 일본 정부를 피고로
설정하고 객관적인 사료를 바탕으로 일본 측의
주장을 반박하며 법정에서 재판하는 모습을
동영상으로 제작함.

해당 사안에 대한
국제법 또는 판례 등
의 활용도 추천해요
~~

서울여대(사회복지학과),
상명대(가족복지학과), 경기대(휴먼서비스학부),
덕성여대(인문사회계열) 합격생

〈사정관의 총평〉

인권 등 사회 문제에 대한 문제점을 분석하고 해결방안을 스스로 탐구하는 자세가 좋았어요!
반복적인 탐구과정을 통해 효과적인 대안을 제시하는 능력을 기른 부분을 확인했어요!

✦ ✦ ✦

학교생활기록부 내용   Tips+ (입학사정관 평가)

인터넷 방송 BJ가 혐오표현으로 인한 고통을
견디지 못해 생을 마감한 사건을 보고 혐오표현의
실태와 문제점 및 해결방안을 고민함. 인권
위원회와 서울시에서 발표한 혐오표현 예방을
위한 결과보고서를 참고하여 혐오표현의 정확한
의미와 혐오표현의 종류를 조사하고 우리 사회에
심각하게 뿌리내렸음을 깨달았다고 보고서에
작성함.

인권에 대한 문제들을
해결하기 위해 정보를
수집하고 효과적으로
전달하는 과정에서의
실천적 의지를
확인했어요.

이후 혐오표현의 심각성과 위험성을 알려주고
예방하기 위한 포스터를 제작하여 게시하고
선플달기 캠페인을 실기하는 모습 등을 통해 사회
문제에 대한 깊이 있는 고민과 해결하기 위한
실천력을 확인함.
난민의 생활상을 다룬 "긴 여행(프란체스카 산나)"을
읽고 난민에 관심을 갖고 탐구함. 관련 기관의
자료를 통해 2022년 중반 기준, 분쟁, 폭력, 위기로
집을 떠나온 전 세계 이주 아동은 3,650만 명에
달하고, 연간 35만 명에서 40만 명에 가까운 아동이
난민으로 태어난다는 것과 이 수치가 2차 세계대전
이후 역대 가장 최고치를 기록하고 있다는 것을
알게 되었다고 보고서에 작성함. 이후 난민 아동의
안전한 생활과 교육받을 권리, 난민 수용에 찬성을
요구하는 포스터를 제작하고 게시함.

자신이 인식한 문제
에 대한 정보를
효과적으로 전달하기
위한 노력을 포스터
와 선플달기 캠페인
을 통해 실천 후
주변 학생들의
인식의 변화에 미친
영향 등 결과와 함께
느낀 점을 추가하면
좋겠어요!

아이들의 등하굣길에서의 사고 발생 기사가 끊이지
않는 것을 보며 등하굣길의 문제점을 관찰하고
해결방안을 고심함. 등하굣길 중 대로변이 아닌
곳은 밝고 깨끗하지 않아서 범죄가능성이 높음을
인지하고 이를 예방하기 위해 셉티드 디자인을
탐구함. 인근 초등학교 통학로 전체에 밝은 조명을
설치하고, 주변 건물이나 담장에 밝고 예쁜 디자인을
적용하여 쓰레기 투기 방지 및 범죄 발생 가능성을
감소시킬 수 있도록 설계한 후, 주변 사람들에게
설문을 통해 프로젝트의 성공 가능성을 예측해 봄.

등하굣길의 문제를
효과적으로
해결하기 위해 적용
가능한 방안을 탐구
하고 효과성에 대한
예측까지 설문법을
이용한 탐구심을
확인했어요!

한양대(영어교육과), 경인교대(초등교육과), 대구교대(초등교육과) 합격생

〈사정관의 총평〉

교육활동 전반에 걸친 다양한 탐구활동을 통해 교사에게 필요한 역량을
일관성 있게 보여주었어요!

✦ ✦ ✦

학교생활기록부 내용

Tips+ (입학사정관 평가)

교육정책이 교육당사자뿐만 아니라, 부동산과
가계지출 등 가정과 국가에 미치는 파급력이 매우
크다는 것을 깨닫고, 대입 수능 영어의 사교육비
부담이 크다는 이유로 상대평가에서 절대평가로
전환된 후, 사교육비 감소의 실효성을 탐구함.
통계 자료를 통해 입시에서 영어의 비중은
감소했지만, 사교육비 및 실질적인 학업 부담
경감에는 큰 도움이 되지 못한 한계점을

교육정책에 대한 분석
과정에서 탐구역량을
확인했어요!

보고서에 작성함. 사교육비 및 학업 부담 감소를 위해 방과 후 수업을 확대와 내실있는 운영을 도모하고 논구술을 포함한 다양한 입시 전형 도입의 필요성을 역설함.

입시 전형의 다양성과 사교육비 및 학업 부담에 대한 상관관계 분석이 있었거나 이어진다면 좋겠어요!

또래 멘토링의 효과에 관심을 갖고 비고츠키의 근접발달영역 이론을 바탕으로 또래 멘토링을 활용한 수업을 구상하고 지도안을 작성함. 탐구와 설문 조사를 통하여 잠재적 발달 영역에서 실제적 발달 영역을 제외한 근접발달영역이 아동의 성장 과정에서 중요하다는 것과 내면화와 탈자동화를 통해 아동이 개념을 습득하고 완전히 자신의 것이 될 수 있다는 것을 이해한 후 복습과 자습의 중요성을 깨닫게 되었다고 자기 보고서에 작성함.

다양한 교육 관련 주제에 대한 연속적인 탐구활동을 확인했어요!

수업을 준비하는 과정에서 효율적인 학습법과 수업형태 및 학습자에 대한 이해 등 전반적인 교사에게 필요한 역량을 골고루 보여주었어요!!

교육이 추구하는 두 가지 목적인 적응과 창조를 위한 교육법을 고민하다가, 해결책으로 초등 5학년 사회 수업을 하부르타 토론 수업으로 구성함. 학생들이 미리 제공된 교재를 읽고 공부하여 질문을 생각할 수 있도록 하고 짝 토론에서 모둠 토론으로 확장하여 의견을 나눌 수 있도록 수업을 계획함.

어려운 용어나 규칙 설명 없이 시대 상황을 잘 보여주는 화가의 그림을 활용하여 쉽게 자신의 생각을 유도할 수 있고 반복되는 질문과 토론으로 유연한 사고변화를 이끌어 낼 수 있는 수업지도안을 작성하는 모습에서 교육에 대한 고민의 깊이와 실천력을 확인함.

다문화 아동이 전체 취학아동의 13%가 넘을 것이라는 기사를 보고 다문화 아동을 대상으로 한 한국 알기 프로젝트 수업을 기획함. 다수에 의한 소수의 차별 문화가 형성되지 않도록 우리라는 용어를 사용하여 이질감을 줄이는 것이 중요하다고 생각함. 보드게임의 형태로 한국어가 서툴고 한국이 어색한 아이들과 그렇지 않은 학생들이 함께 참여해서 한국의 지리와 지역에 대한 이해와 한국어 역량을 함께 향상시킬 수 있도록 함.

한국판 뉴딜 10대 대표과제 중 그린 스마트 스쿨에 관심을 갖고 실효성을 탐구함. 학생들에게 설문 조사를 통해 스마트 PC가 수업에 거의 활용되지 않아서 도움이 되지 않는다는 결과를 도출하고 스마트 PC의 활용방안을 고민함.

스마트 기기의 큰 특징은 온라인 수업을
할 수 있고 일대일 수업을 할 수 있다는
점이라고 생각하며, 우리나라를 소개하는
관광 스크랩북을 제작하는 온라인 플립
러닝 콘텐츠와 이를 활용한 다문화 교육
수업지도안을 작성함.

세계시민교육의 중요성을 인식하고
공정무역의 의미와 필요성을 이해하기
쉽도록 다양한 시각자료와 활동지를 활용한
수업을 구상하고 수업지도안을 작성함.
공정무역을 이해하고 바나나라는 상품을
재배하여 소비자에게 판매되기까지의 과정을
직접 진행해 본 후 실제 분배 결과와 비교해
보며 생산과 유통과정에서 공정하지 못한
부분을 학생 스스로 깨달을 수 있도록 함.

연세대(교육학부), 서울교대(초등교육학과), 경인교대(초등교육과) 합격생

〈사정관의 총평〉

학습환경에 영향을 주는 요인들을 학문적으로 탐구하고 자신만의 방법을 모색하는
자세가 좋았어요!

✦ ✦ ✦

학교생활기록부 내용

Tips+ (입학사정관 평가)

기숙사 써치드림 활동으로, 코로나19로 인한
온라인 수업이 확대되며 학습격차가 심화되는
문제 해결을 위해 학생들의 자기주도 학습능력
향상방안을 탐구함. 학습의 정의 및 구성 요소인
동기 요인, 인지 요인, 행동요인을 파악하고,
자기주도 학습전략과 관련된 선행 연구 논문 및
수업안을 구성 요소를 기준으로 분석한 후,

학습에 영향을 주는
요인을 분석하는
과정에서 학문적 탐구
역량과 분석적 사고력
을 확인했어요!

메타인지적 측면에 중점을 둔
'학습성찰일지'를 직접 제작하고 효용성을
탐구함.

기숙사 두드림 활동으로, 에듀테크 기술 중
게이미피케이션의 교육적 효과를 탐구하고
이를 활용한 교육 콘텐츠를 제작함. 게임화된
교육 프로그램들을 사용한 학생들에게
인터뷰를 진행하고 보완점을 모색한 후,
교육용 코딩 프로그램인 스크래치(Scratch)를
활용하여 게임이 주는 몰입감과 흥미를
학습과정에 접목한 수학 학습콘텐츠를 만듦.

스스로 분석한 현상에
대해서 자신만의 방법을
적용한 대안을 도출하는
과정이 좋았어요!

대안을 도출하는 과정에서
학생의 고민과 성장한
부분("에듀테크를 포함한 다양한
학습용 기자재와 프로그래밍 등 교육
효과의 개선을 위해 끊임없이 연구와
노력이 필요함을 깨닫는 발전적 학생
임 등) 또는 인터뷰에서
얻은 보완점 또는
세계시민교육 프로젝트의
등이 보여준 효과 등을
함께 기록했다면 더
좋았겠어요!!

기숙사 전공심화 탐구활동으로, 공정무역의
개념과 공정무역 기업을 조사하며
공정무역의 필요성을 깨닫고, 공정무역에
대한 인식조사 및 제품사용을 독려하는
세계시민교육 프로젝트를 기획하고 진행함.
공정무역을 홍보하는 카드뉴스를 제작하고,
우리나라 전역에서 공정무역제품을 판매하는
상점을 소개하는 '대한민국 공정무역 전도'를
제작함.

서울대(인문계열), 고려대(교육학과), 연세대(교육학부), 성균관대(인문과학계열), 한양대(정책학과) 합격생

〈사정관의 총평〉

학습효과에 대한 자신만의 해결책을 탐구하는 융합적 교육활동이 좋았어요!

✦ ✦ ✦

학교생활기록부 내용

Tips+ (입학사정관 평가)

형식적으로 이루어지는 학교의 장애 이해 교육의 문제점을 발견하고, 실질적인 교육효과를 가져오기 위한 해결방안을 고민함. 국내와 해외의 여러 사례를 조사하고 생활과 윤리 교과 시간에 배웠던 '생명 복제와 유전자 치료 문제'에 장애 이해 교육의 요소를 첨가하여 적극적 우생학을 이해하고 장애에 대한 고민과 생각을 스스로

학습효과의 증진을 위해 지속적으로 고민하고 분석하는 과정이 좋았어요!

정리할 수 있는 수업을 구상하고 수업지도안을 작성하는 등, 학교에서 이루어지는 교육활동의 필요성과 효과를 분석하고 더 나은 방향으로 나아가는 길을 찾기 위해 노력하는 적극적인 모습이 인상적임.

에듀테크에 관심을 갖고 관련 논문을 검색하던 중 최근 교육 콘텐츠 기업들이 메타버스를 활용한 실감 교육 콘텐츠를 개발하고 활용하는 사례를 보고, 메타버스를 활용한 교육 콘텐츠 개발을 고민함. 이후 학생들에게 설문을 통해 학교에서의 진로 교육이 실효성이 갖지 못함을 깨닫고, 학교 현장에서 체험하기 힘든 다양한 진로 교육 프로그램을 메타버스를 활용하여 제작해 봄.

스스로 구상한 학습법 및 교육 콘텐츠의 효과를 분석하는 과정이 추가된다면 더 좋았겠어요!!

다문화 교육의 중요성을 깨닫고, 고려시대 무역항이었던 벽란도를 모티브로 삼아 2022년도 벽란도에서 여러 나라의 특산품과 상품을 거래하며, 다양한 문화에 대해 이해할 수 있는 사회 교과와 수학 교과, 다문화 교육을 융합한 활동지와 수업지도안을 작성함. 직접 벽란도에서 상품을 경매하는 형태의 게임을 통해 학생들의 흥미와 집중력을 높이기 위해 노력함.

융합적 교육활동을 고민하는 자세를 확인했어요!

원격 수업으로 학습격차가 점점 커진다는 기사를 접하고, 온라인 학습의 교육적 효과는 극대화하고 문제점은 최소화할 수 있는 온라인 콘텐츠를 제작함. 학생들의 자발적인 참여와 흥미를 끌어낼 수 있도록 게이미피케이션 스크래치를 이용하여 초등학교 6학년 과학 중 GMO 식품을 학습하고 퀴즈를 푸는 형태의 콘텐츠를 제작하고 수업을 진행함.

대상에 맞춘 학습법을 고민하고 적용하는 모습이 좋았어요!

역사 공부를 어렵고 지루하게 생각하는 초등학생을 위하여 거꾸로 수업을 기획함. 수업 전 학생들의 흥미를 높이고 학습에 대한 부담을 줄이기 위하여 애니메이션을 이용하여 사전학습을 하고, 본 수업은 학생들의 집중력과 수업 참여도를 높이기 위하여 연극을 활용한 수업을 기획하고 지도안을 작성함.

건국대(미디어커뮤니케이션학과), 시립대(도시사회학과), 동국대(사회언론정보학부), 세종대(미디어커뮤니케이션학과) 합격생

〈사정관의 총평〉

가족 이데올로기에 대한 자발적 · 학문적 탐구 자세가 좋았어요!
생기부 기록에 학생만의 이론적 해석 · 적용 부분이 추가되면 더 좋겠어요!!

✦ ✦ ✦

학교생활기록부 내용

Tips+ (입학사정관 평가)

가족 이데올로기 확장에 관한 윤리학자들의 견해 모색을 탐구 주제로 설정함. 최근 다양한 형태의 생활공동체를 인정하고 사회가 이를 법적으로 보호하도록 하는 법안인 '생활동반자법'이 국내에서 발의되었다는 뉴스에 호기심을 느껴 본 활동을 계획하게 되었음을 밝힘. 현 세대에게 있어 결혼이란 더 이상 종족 보존 및 경제적 안정감 도모가 목적이 될 수 없다는 점과

보고서의 핵심적인 내용만 기록된 점이 아쉬워요!

미혼모, 미혼부, 동성 동거, 다인 동거 등 다양한 가족공동체를 꾸리고자 하는 욕구가 상당함을 활동을 통해 깨달았다는 내용을 보고서를 제출함. 또한 **나딩스의 '배려의 동심원' 개념과 맹자의 '효의 확장성' 이론을 현대적으로 해석**하여 잘 서술함.

탐구과정에서 이론을 적용해 분석하는 과정과 학생의 사고력을 보여줄 수 있는 내용이 기록되었다면 더 좋았겠어요!

예) '자기'를 중심으로 주변에 대한 거리적 개념과 친밀감을 중심으로 사회 구성원 간의 관계에 대한 시대적 관점과 현대의 차이를 이해하기 위해 다양한 영향요인을 종합적으로 분석하되 시대적 흐름을 읽을 수 있는 자세가 필요함을 깨닫게 되었고, 다양한 학문적 분석과 연구가 필요함을 배웠다 등등.

연세대(불어불문학과), 서강대(유럽문화전공), 중앙대(정치국제학과) 합격생

〈사정관의 총평〉

국제관계 및 환경, 인권 등 관심을 가지고 있는 주제에 대한 지속적이고 수준 높은
탐구 자세가 좋았어요!
자신의 연구결과를 바탕으로 제안서와 의견을 나눌 수 있는 소통의 창구를 개설하는 등
적극적으로 문제를 해결하는 자세가 좋은 평가를 받았어요!!

✦ ✦ ✦

학교생활기록부 내용

Tips+ (입학사정관 평가)

국제 경제에 관심을 갖고 "포스트 코로나 19 한국-EU의 협력 전망"을 읽고, 판데믹 시기의 극도로 악화되었던 프랑스의 경제상황을 솔로우 모형을 통해 분석하고 향후 프랑스의 실질 GDP 성장을 예측함. 재난과 경제성장에 관한 전문 학술자료를 탐독하고 이를 프랑스 경제상황에 접목해보며 프랑스가 향후 높은 경제성장률을 보일 것으로 추측함. 이를 바탕으로 한국의

수준 높은 탐구심을 보여줄 수 있었고, 자신만의 방법으로 결과를 공유하고 제안하는 등 주제 탐구활동의 좋은 사례들입니다!!

경기 침체 방지 및 성장 방안으로 한국의 에너지 자립을 위해 '핏포 55'를 동아시아 환경연합의 형태로 진행하는 것과 프랑스의 저출산 정책을 벤치마킹하여 한국의 현금지불이나 공적교육 의존도를 높이는 방안, 지방정부와 중앙정부가 연합한 광범위한 계획에 따라 '주택연대기금'을 만들어 청년계층의 임대료 지원 방안 등을 해결방안을 제시함.

과거 일본에게 약탈당한 우리나라의 문화재 반환에 관심을 갖고, 관련 사례를 조사함. 국가기관에서 발표한 한-프랑스 외규장각 의궤 반환 협상 보고서를 탐독하며 문화재 반환과정과 3차에 걸쳐 이루어진 정부와 민간전문가들 간의 핵심적인 전략을 분석하고 정리함. 이를 바탕으로 외교부와 민간 외교단체에 한-일 문화재 반환 요청 제안서를 작성하고 제출함.

환경문제와 국가 간 빈부격차 등 세계문제에 관심이 많은 학생으로 많은 사람들에게 세계문제에 대한 인식과 공감을 목적으로 총 21명의 학생들을 선발하여 환경문제와 공정무역에 관한 모의 국제 협의를 구상하고 진행함. 국제회의의 의장으로서 기존의 컨센서스식 회의진행 방식에서 자유로운 토론을 진행하고 반대 의견이 없다면 결의안을 통과하는 방식으로 변형하는 등 리더십과 유연한 사고와 태도가 인상적임. 환경파괴에 있어서 선진국이 개도국에 어떤 방식으로 보상을 할 것인가에 대한 의제에서는

관련 기사와 학술자료를 참고하여 프랑스 대표로서
경제적 자립도를 해치지 않는 선에서의 차관형 금전
지원과 유엔총회에 속한 국가가 모두 속하는 '유엔
환경정의 프레임워크 설치'와 같은 구체적이고 창의적인
해결방안을 프랑스어로 발표함.

우크라이나 난민의 인권침해 관련 기사를 접하며 난민
인권 문제에 관심을 갖고 탐구함. 국제사회에서 난민에
대한 원조와 보호를 책임지고 있는 유엔난민기구
종사자와 인터뷰를 진행한 후, 현장과 행정 시스템의
소통 부족으로 난민에 대한 지원이 제대로 이루어지지
못하고 있음을 알게 됨. 이후 난민 처리의 실태 및 제도
개선방안에 관한 학술자료 등을 통해 현장에서 난민을
지원하는 시민주도의 기구를 확대해야 한다고 주장함.
러시아와 우크라이나 전쟁 관련 기사에서 미국과 중국이
러시아를 향한 경제 제재에 대해 서로 다른 입장임을
깨닫고, 우리나라를 포함하여 미국, 프랑스, 중국 등
4국이 러시아 우크라이나 전쟁을 바라보는 입장이 서로
다른 이유를 탐구함. 각 나라의 대표적인 언론사들의
기사를 스크랩하여 정리하며 각 나라들은 각국이 처한
상황과 이 전쟁으로 인한 경제적 손실에 따라 서로
다른 목소리를 내고 있음을 알게 되었다는 모습에서
국제사회를 바라보는 안목과 통찰력을 확인함.

설문 조사를 통해, 우리나라의 중등교육이 입시에만
초점이 맞춰져서 학생들의 학업적 스트레스와 지나친
경쟁, 그리고 상대적으로 학업성취도가 높은 학생들
위주의 수업을 진행한다는 문제점을 인식함. 그래서
독일의 교육사례를 기반으로 고교학점제의 보완과 직업
교육의 확대를 중심으로 모의 정책제안서를 작성함.

"공정하다는 착각(마이클 샌델)"을 읽고, 유권자인 학생들이
정치에 대한 관심과 정보가 부족함을 알게 됨. 그래서
설문을 통해 학생들의 요구사항 및 학생들을 위한 제도와
정책을 조사하고 학생들이 직접 본인들에게 필요한
정책에 대해 의견을 낼 수 있는 청원형 게시판을 포함한
'학생들이 만드는 정치' 홈페이지를 개설함.

서울여대(아동학과) 합격생

〈사정관의 총평〉

교육효과에 대한 발전적 대안을 위해 설문, 모의수업, 효과분석 등 일련의 탐구심이 좋았어요!

✦ ✦ ✦

학교생활기록부 내용

Tips+ (입학사정관 평가)

에듀테크를 활용한 개별 맞춤형 교육과 AI 디지털 교과서 보급에 관심을 갖고, 실제 우리 학교에서의 테블릿 PC 활용실태를 수업 및 자기주도학습으로 나누어 설문 조사를 실시함. 교과의 특성 및 교사의 활용역량에 따라 수업에서의 활용도가 크게 차이가 난다는 것과 다양한 사회와 과학 수업 시간 및 자율학습시간에도 이해가 어려운 내용을

교육효과의 증진을 위해 설문을 통해서 분석하고 에듀테크 활용법에 대해 모의수업을 진행하는 자세가 좋았어요!

강의 동영상을 이용해 학습하는 등의 장점이
크다는 것을 설문을 통해 알게 되었다고 보고서에
작성함.

간접 체험을 통한 교육의 효과에 관심을 갖고
가상현실 플랫폼을 활용한 재난안전교육
콘텐츠를 제작하고 모의수업을 진행함.
학습자들이 건물, 도로 등 다양한 가상현실 공간
내에서 화재와 지진 등 여러 재난에 대처하는
가상체험을 통해 현실에서는 경험하기 힘든
다양한 상황을 흥미롭게 경험하며, 동시에 많은
수의 학생들에게 동일한 교육 프로그램을 제공할
수 있다는 점을 알게 되었다고 자기 평가서에
작성함.

아동에 대한 적용과
기대효과에 대한
고찰이 있었다면 더
좋았겠어요.

교육제도를 갈등론적 관점으로 바라보면 교육이
지배계층의 권력 유지 수단으로 작용하여 교육
불평등이 발생할 수 있음을 깨닫고, "감염도시의
교육 불평등"이라는 책과 학술자료를 읽으며
교육 불평등을 줄일 수 있는 교육 방법을
탐구함. **입시제도 개선과 교육환경 개선을 통해
미래의 모든 학생이 공평한 교육의 기회를 받을
수 있는 교육제도를 구체적으로 기획하는 등**
교육이 단순한 지식 전달이 아니라, 사회구조를
긍정적으로 개선하는 데에 중요한 역할을

호기심을 해결하기
위해 문헌과 학술자료
를 기반으로 교육제도
를 기획하는 사고실험
을 진행하는 탐구심을
확인했어요!

교육제도를 기획하는
과정에 교육제도를
분석하는 탐구가 추가
되었다면 좋았겠어요!

담당한다고 생각하며 이를 위해 노력하는
모습이 인상적임.

연세대(교육학부), 고려대(역사교육과), 한양대(교육공학과) 합격생

〈사정관의 총평〉

자신이 인식한 역사적 사건을 역사적 흐름 안에서 탐구하고,
교육과정에서 상관관계 등을 탐구하는 유기적인 탐구 자세가 좋았어요!
자신이 배운 지식과 느낀 점 등을 공유하려는 부분도 좋았어요!!

✦ ✦ ✦

학교생활기록부 내용

Tips+ (입학사정관 평가)

교육과정 변화에 따른 학생들의 역사 인식
변화를 알아보기 위해 현재 시행되고
있는 대학수학능력시험에서 한국사가
필수응시과목이면서 절대평가일 때와 과거에
그렇지 않았을 때의 역사 인식을 현재와 과거의
응시생들을 대상으로 설문 조사하고 카드뉴스를
작성함.

교육과정에 따라 역사에 대한 인식이 변화한다는 것을 깨닫는 한편, 역사의식을 고취하기 위해 대입에 반영하는 것이 옳은지에 대해 고민하게 됨.

현대의 신냉전 구도 양상에 호기심을 갖고, 2차 세계대전 종전부터 닉슨독트린 사이의 냉전과 현대에 미국과 러시아 사이에서 벌어지는 냉전의 차이점과 공통점을 분석함. 연도 순서대로 정리하며 우크라이나와 같이 러시아와 서방의 영향이 미칠 지역을 예측해 봄.

교육과정과 역사 인식에 대한 관계, 전쟁과 국제관계 등 시대적 사건을 독립적으로 보지 않고 시대적 흐름으로 인식하고 상호관계에 대해서 지속적인 탐구를 진행한 부분이 좋았어요!

현재의 우크라이나-러시아 전쟁이 시작된 역사적 배경을 탐구하고, 과거 미국과 소련을 비롯하여 냉전 시대 국가 간의 전쟁 진행양상을 비교 분석함. 중요한 역사적인 사건은 계속 세대를 이어가며 또 다른 결과로 이어지기 때문에 현세대의 판단과 행동이 미래에 미칠 중요성과 전쟁의 진행양상에 있어 과거에는 군사력의 충돌로 한정되었지만, 현재는 경제적인 제제나 식량을 무기로 이용하는 등 경제적인 전쟁이 병행됨을 깨달음.

자신의 예측 및 분석에 대한 피드백과 이론적 배경을 보완하는 등 추가적인 노력이 과 세특 등에 나타난다면 더 좋겠어요!

한-일 위안부 문제에 대해 일본의 주장을 논문 및 기사, 서적 등 객관적인 사료를 통해 분석하고 반박하는 주장을 제시함.

그리고 이를 동영상으로 편집하여 온라인 커뮤니티에 게시함. 아직도 외국인뿐만 아니라, 우리나라 사람들도 이에 대한 인식이나 올바른 가치판단이 부족함을 이해하고, 앞으로도 쟁점이 되는 역사적인 내용을 조사하고 객관적으로 분석해 볼 것을 다짐함.

우리 지역의 역사와 유적을 조사하고 홍보하는 것에 의미를 두고 탐구함. 독립운동가 이석영과 같이 역사적으로 의미가 있지만, 아직 일반 사람들에게는 덜 알려진 인물들과 지역의 유적들에 대한 자료를 조사하고, 직접 방문하여 사진을 찍어서 월별로 이달의 인물과 역사 유적에 대한 카드뉴스를 제작하고 게시함.

사료를 통해 분석하고 자신의 생각을 정립하는 연속적인 탐구과정이 좋았어요! 특히, 자신의 탐구결과를 효과적으로 전달하는 교육학적 고민과 교과서 제작 및 역사 학습 콘텐츠를 제작하는 노력이 좋았어요!

학습효과의 효율성 등에 대한 학습자의 피드백 그리고 개선사항 등이 추가된다면 더 좋겠어요!

역사 수업을 보다 입체적이고 생동감 있게 학생들에게 전달을 위한 방법으로 게임 러닝 기법을 활용한 역사학습 콘텐츠를 제작함. 그리스-페르시아 전쟁을 바탕으로 메타버스 환경을 조성하고, 토기 및 포도주 만들기와 같은 당시 농업과 상공업의 모습을 반영하고 체험하며 당시의 시대 속에서 직접 생활하며 역사를 간접 체험하는 방식으로 학습하도록 함.

일본과의 독도 영유권 분쟁 및 중국의 고구려, 발해 관련 동북공정 등 일본과 중국의 역사 왜곡에 대해 과거의 실증적인 역사적 자료들을 탐구하여 중국과 일본의 주장에 반박하는 보고서를 작성함. 이를 바탕으로 우리나라 학생들이 역사에 대한 올바른 가치관을 정립할 수 있는 '사료로 보는 역사'라는 교과서 단원을 제작함.

가천대(유아교육학과), 삼육대(유아교육과) 합격생

〈사정관의 총평〉

학습환경을 이해하고 자신만의 방법으로 효과적인 학습법에 대해 탐구하는 자세가 좋았어요!

✦ ✦ ✦

학교생활기록부 내용

Tips+ (입학사정관 평가)

진로프로젝트 활동으로 유아들을 대상으로 올바른 손 씻기 방법과 마스크 착용하는 방법을 모의수업으로 진행함. 손 씻기와 마스크 착용 방법을 아이들의 눈높이에 맞춰 흥미를 유발하기 위해 인형을 이용하여 연극을 하듯이 수업을 진행함. 유아 및 초등학교 저학년을 대상으로 기본적인 물놀이 안전 수칙을 교육하는 온라인 콘텐츠를 제작함.

학습자 눈높이에 맞춘 수업과 교육용 콘텐츠 제작 등 진로 분야에 대한 열정을 확인했어요!

엔트리 프로그램을 이용하여 아이들의 수준에 맞게 다양한 캐릭터를 활용하고 배경을 전환하며 아이들이 지루해하지 않고 교육에 참여할 수 있도록 함.

학급특색 활동으로, 코로나19 사태가 장기화되며 온라인 수업의 중요성이 강조되는 가운데, 아이들이 흥미를 갖고 쉽게 접근할 수 있는 교육용 온라인 콘텐츠를 제작함. 퀴즈를 제작할 수 있는 전용 프로그램을 활용하여 유아와 저학년 학생들을 대상으로 수학 과목에 대해 아이들이 퀴즈를 푸는 방식으로 흥미와 집중도를 높일 수 있도록 함. 온라인 수업에 학생들의 흥미와 집중력이 떨어진다는 사실을 인지하고, 유아와 저학년 학생들을 대상으로 아이들이 어려워하는 수학 과목을 퀴즈를 통해 흥미와 집중력을 높일 수 있는 온라인 콘텐츠를 제작함. 아이들의 수준과 눈높이를 고려하여 콘텐츠를 제작하며 유아 및 아동들의 성향과 인지 수준을 이해하게 됨.

기존 현장에서의 교수법 대비 효과 등을 분석한 내용이 이어진다면 더 좋겠어요!

항공대(항공운항학과), 항공대(자유전공학부), 한서대(항공운항학과) 합격생

〈사정관의 총평〉

주변에 대한 관심이 많고, 인식한 문제들을 해결하기 위해 적극적으로 탐구하고
고증하는 등 높은 수준의 탐구심과 도전정신이 좋았어요!

✦ ✦ ✦

학교생활기록부 내용

Tips+ (입학사정관 평가)

2학년 때 항공기 엔진에 새가 빨려 들어가서
발생하는 버드 스트라이크 사고의 위험성을
고민하고 해결책을 고민하던 중, 아두이노 센서를
활용하여 엔진 근처에 물체가 감지되면 엔진
흡입구를 닫는 자동화 시스템을 구상하고 직접
구현함. '비행기 역학 교과서'라는 책을 읽으며
엔진 흡입구가 닫히면 비행기의 추력이 상실되고
양력을 잃어 비행기 운항에 문제가 발생함을

문제를 해결하기 위한
끊임없는 노력을 확인
했어요!

알게 된 후, 공기가 잘 통하는 초경량 필라멘트를 활용한 보호막을 3D프린터로 제작하는 등, 희망 진로에 대해 치밀하고 적극적인 해결방법을 구상하는 모습이 인상적임.

학교 자율 교육과정에서 풍력발전기를 제작하고 발전량을 측정해본 활동의 추수 활동으로 3D프린터로 직접 날개를 제작하여 날개의 곡률, 받음각에 따른 발전량을 측정 후 **일반적인 풍력발전기의 단점을 보완하고 전력 생산 효율을 높일 수 있는 소형 자동화 풍력발전기를 제작함.** 이를 위해 3D프린터 사용법을 학습하고, 풍력발전기 블레이드의 에어포일 설계와 관련된 전문 학술자료를 탐독, 컴퓨터 기반 실험 장치를 이용하여 풍속과 날개 모양에 따른 전류와 전압을 측정하는 등, 진로에 관한 호기심을 적극적으로 마주하여 해결해 나감.

목표를 이루기 위해 도전하고 노력하는 열정과 성장의 과정을 확인했어요!

소형 자동화 풍력발전기를 제작함에 앞서 단점의 보완 가능성을 분석하는 데 필요한 학술자료의 학문적 탐구과정과 해당 과정에서 학생의 수리적·융합과학적 탐구 역량을 조금 더 기록하면 좋았겠어요!!

자율 교육과정에서 친환경 에너지 중 태양광 발전에 관심을 가진 후, 무선조종 비행기를 이용한 태양광 무인 항공기를 제작하고 최대 비행시간을 측정함. 태양전지 및 컨트롤러, 추진 시스템 설계,

주변의 여러 문제 상황들을 해결하려는 의지와 실천적 탐구심이 매우 높게 나타났어요!!

무인 항공기 공력 및 구조 설계 등의 전체 시스템을 학습하고, 모터 동력 테스트를 통해 태양전지가 완충 상태일 때 약 7m/s의 속도에서 가장 적은 동력을 소모하여 비행할 수 있고, 항공기의 전력 소모 실험에서는 전자 변속기, 모터, 기어박스, 프로펠러 등 추력을 내는 부품들의 효율이 35%임을 알게 되었다고 보고서에 작성함. 실제 실험에서는 기상 상태는 좋았으나 바람이 세서 목표체공 시간보다 적게 비행하는 것을 보며 항상 예외적인 경우가 발생할 수 있음을 깨달았다고 보고서에 작성함.

교통약자들이 항공기를 이용하는 것에 불편함이 있음을 느끼고 우리나라 국제공항의 배리어프리 맵 디자인을 구상하고 메타버스 제작 플랫폼을 이용한 교통약자 서비스 위치정보 맵을 제작함. 직접 국제공항을 방문하여 교통약자를 위한 서비스 시설을 방문하고 관찰한 결과 시설의 위치정보가 부족하여 이용에 불편함이 있을 것으로 판단한 후 국제공항의 층별 시설 위치를 3D로 제작한 후 공항 게시판에 게시하는 모습을 통해 사회적 약자에 대한 공감의식과 문제 해결력을 확인함.

한양대(의예과) 합격생

〈사정관의 총평〉

교과목을 통해 습득한 지식을 실험을 통해서 확인하고,
확장된 지식을 얻기 위해 지속적으로 주제 탐구활동을 이어가는 자세가 좋았어요!
학교생활기록부에 활동 후 알게 된 내용을 중심으로 기록한 부분에서
학생의 역량에 대한 교사의 평가가 추가되었다면 더 좋았겠어요!!

✦ ✦ ✦

학교생활기록부 내용

Tips+ (입학사정관 평가)

화학 시간에 탐구했던 콧물 속 라이소자임 효소 이외에 인체에 또 다른 면역 물질인 뮤신에 호기심을 갖고 탐구함. 질병관리청의 자료와 관련 서적을 통해 라이소자임은 세균, 뮤신은 바이러스의 방어작용에 활용되며, 특히 바이러스 내 항원성 돌기가 뮤신을 제거할 수 있는지에 따라 전염성이 있는 A, B형과 그렇지 않은 C, D형으로 구분할 수 있음을 이해함.

수업을 통해 알게 된 지식을 확장하는 지적 호기심과 학문적 탐구심을 보여주는 노력을 꾸준히 했음을 확인할 수 있어 좋았어요.

추가로 최근 연구에서 뮤신이 장내에서
신종파지와 결합하여 세균을 공격하는 성질을
이용하여 다제내성균 연구에 활용될 수 있음을
알게 됨.

유도 만능 줄기세포에 사용된 유전자 가위를
활용한 근이영양증 치료 방법과 원리에 호기심을
갖고 탐구함. '크리스퍼 유전자 가위(전방욱)',
'생명의 설계도 게놈 편집의 세계(NHK 게놈 편집
취재반)' 등의 도서를 탐독하며 유전자 편집
기술과 유도만능 줄기세포의 구조와 질병치료에
활용되는 원리를 완벽히 이해함.

화학 시간에 아스피린이 아세트산과 살리실산의
합성이라는 것을 알게 된 후 직접 아스피린을
합성하는 실험을 기획하고 진행함. 이 과정에서
아스피린을 항생제로 착각하고 세균배양 실험을
준비하며, 항생제와 소염진통제, 해열진통제들의
성분과 효과에 대해 명확히 구분하고 이해하게 됨.

원리를 탐구하고
실증적 실험을 통해서
확인하는 실험정신을
보여주었고,
해당 원리에 필요한
수학 및 화학적 교과
영역의 융합적 탐구를
보여주었습니다.

약국이나 병원에서 약을 처방할 때 복용 시기와 복용횟수를 정해주는 기준을 조사하며 약물동태학에 관심을 가짐. 약물동태학에서 약물의 작용시작 시간, 반감기, 소멸시간을 계산할 때 적분을 사용하는 것을 알게 된 후, 시간과 약품의 농도에 따른 약물 복용 주기를 직접 계산해 봄. 시간, 농도 그래프의 공식은 모든 약이 같지만, 작용하는 시간과 지속 시간의 차이로 약 섭취 주기가 바뀐다는 것을 알게 됨.

확인한 지식을 적용해서 특정 질병의 치료과정에 적용 및 치료효과 개선을 위한 추가적인 탐구까지 이어진다면 더 좋겠어요!!

영남대(약학과) 합격생

〈사정관의 총평〉

왕성한 지적 호기심과 탐구심을 보여주었으며, 주제 탐구를 통해서 알게 된 지식을 공유하는
자세와 학생의 활동에 대한 교사의 평가도 잘 나타나 있어서 좋았어요!

✦ ✦ ✦

학교생활기록부 내용   **Tips+** (입학사정관 평가)

의약품의 종류에 따라 투여 횟수가 다른 이유에 호기심을 갖고 탐구함. 관련 학술자료를 통해 약품에 따라 약물의 체내 농도가 절반으로 감소하는 시간인 '약물 반감기'가 다르기 때문이며, 약물 반감기가 짧을수록 체내의 약물 농도가 빠르게 감소한다는 것을 이해하게 되었다고 함. 추가로 미분방정식을 활용하여 특정 약품들의 체내 약물 농도 및 반감기를 직접	관심 분야에 대한 호기심을 해결하기 위해서 끊임없이 학습 하고 실험하는 자세가 좋았어요.

계산해보며 약품의 종류에 따라 약물의 체내 농도가 다르다는 것을 명확히 이해하는 모습을 통해 지적 호기심과 도전정신이 우수함을 확인함.

같은 약품을 투여해도 사람마다 효과가 다르다는 것에 호기심을 갖고 탐구함. 관련 자료와 기사를 통해 특정 효소의 양이 약품의 효과에 영향을 준다는 내용을 이해하고, 화학2 시간에 배운 내용인 효소가 인체 내에서 작용하는 원리를 바탕으로, 대사를 담당하는 '사이토크롬 P450'이라는 효소가 많으면 약물의 대사가 활발해지며 더 큰 효과를 낸다는 사실을 추론하는 지적 호기심과 문제 해결력이 우수한 학생임. 추가로 사람마다 가진 효소의 양은 유전에 따라 결정되는데, 현재는 이를 인위적으로 조절하는 것은 불가능하다는 것을 깨닫고 이 분야를 연구해보고 싶다는 포부를 밝힘.

탐구활동을 통해서 명확한 진로 목표를 형성하고, 해당 과정에 대한 교사의 역량평가도 잘 기록되어 있어서 좋았어요!

폐의약품이 일반쓰레기와 함께 버려져서 환경에 크게 악영향을 미친다는 기사를 보고 폐의약품 분리수거에 대한 인식 개선 프로젝트를 진행함. 통계 자료를 통해 사람들의 약 60%가 인식 부족 및 불편함으로 폐의약품을 일반쓰레기와 함께 버린다는 것을 알게 된 후, 폐의약품 분리수거의 필요성과 배출 방법을 이해하기 쉽게 전달하기위한 포스터를 제작함.

추가로 지역의 폐의약품 분리수거함 설치 장소를 분석하고 행정복지센터, 지하철역, 대형마트 입구 등 이용하기 편한 위치에 분리수거함 설치 추가 필요성을 주장함.

함성프로젝트에서 영수증에서 환경호르몬이 검출되어 인체에 유해하다는 기사를 접하고 관련 기관의 연구자료를 찾아보며 인체에 유해한 화학물질인 비스페놀 A와 S뿐만 아니라, "비스페놀 A free"라는 문구가 기재된 영수증 또한 비스페놀 S와 같은 비스페놀 계열의 물질이 포함되어 있으며, 이 성분은 호르몬 작용을 교란하여 신경 관련 유전자의 발현을 조절함으로써 불안장애, 인지기능 저하 등을 유발할 수 있음을 이해하게 되었다고 함. 이후 '비스페놀 A free'의 위험성을 발표하고, 포스터를 게시하며 사람들에게 '비스페놀A free'에 대한 경각심을 일깨워 주는 캠페인을 진행함.

호기심과 문제의식을 통해서 스스로 문제를 해결하려는 노력을 일관성 있게 보여주었고, 알게 된 지식들을 나누고 공유하는 활동을 통해서 문제를 해결하려는 적극적인 자세를 유지하는 모습이 좋았어요!

을지대(간호학과) 합격생

〈사정관의 총평〉

다양한 활동들을 간호학을 중심으로 연결 및 확장하면서 노인간호학에 대한 진로 목표를
명확하게 전달하고, 각각의 활동에 대한 교사의 평가도 잘 나타나 있어서 지원한 대학들에서
좋은 평가를 받았어요!!

✦ ✦ ✦

학교생활기록부 내용

Tips+ (입학사정관 평가)

동아리활동과 사회 과목 교과활동에서
공통적으로 갖게 된 '효과적인 노인 구강 건강
관리와 정책'에 대한 의문점들을 간호학적 접근을
중심으로 심화 탐구함. 특히, 탐구과정에서
치주질환과 우울증의 상관관계 분석을 위해 최신
연구자료와 도서를 활용하여 스스로 형성한
정책적 의문들을 분석하고 노인간호학에 대한

사회 과목과 동아리
활동 등 다양한 활동
에서 간호학에 대한
폭넓은 탐구활동을
중심으로 지적 호기심
과 탐구역량을
함양하는 과정을
잘 기술했으며,

발전적 대안을 제시할 수 있는 우수한 문제
해결력을 보임. 탐구과정에서 다른 학생들과
다양한 주제를 토론하고 자신의 탐구 주제에 적용
가능한 방향성을 갖추는 등 지식의 교환과 정보의
활용능력이 우수함.

언어와 매체 시간에 급속한 고령화에 따라
노인건강관리 시스템 개선의 필요성을 깨닫고
노인들의 체력수준에 맞는 노인 맞춤 운동
영상을 제작함. 노인들은 노화로 인해 많은
만성질환을 갖고 있으므로 걷기, 뛰기 등 무리한
운동은 지양하고 노화로 인해 빠지는 근육량을
채우기 위해 근력운동이 필요함을 알게 되었다고
보고서에 작성함. 노인의 신체 조건에 적합한
운동 자세를 구상하고 하체가 불편한 노인과
노인의 근력 증진을 위한 영상을 세분화하여 운동
영상을 제작하는 등 진로에 대한 고민과 실천력이
우수한 학생임.

교사의 평가까지
효과적으로 확인할 수
있어서 지원한 대학에
서 좋은 평가를
받을 수 있었어요!

특히, 연속적인
노인간호학에 대한
활동을 통해서
전공에 대한
명확한 목표의식도
전달할 수 있었기에
좋은 평가를
받았어요!

노인 치매가 환자와 보호자가 모두 가장
두려워하는 질병임을 깨닫고 이를 예방하기
위한 방법으로 치매 예방 퀴즈를 제작함.
여러 학술자료를 참고하여 치매 환자의 인지
능력을 조사한 후 치매 환자의 인지기능 특성을
고려하여 다양한 난이도로 구성된 기억력을
포함한 인지치료를 시행할 수 있는 퀴즈를 만듦.

이 과정에서 인지활동 프로그램이 치매 환자의
인지기능 유지 및 지연, 우울, 일상생활 수행
능력, 삶의 질 등에도 효과적임을 깨달음.

코로나19 이후 헌혈자가 감소하여 혈액 보유량이
부족하다는 기사를 접한 후 혈액 부족 문제를
해결하기 위해 헌혈을 동참하자는 캠페인을
진행함. 코로나19와 헌혈에 관한 정확한 정보를
조사하고 홍보하여 수혈로 코로나19에 감염될
수 있다는 사람들의 잘못된 인식을 개선하고,
헌혈 참여를 높일 수 있었다는 모습을 통해
보건인으로서의 공감적 사고력을 확인함.

강원대(간호학과), 을지대(간호학과) 합격생

〈사정관의 총평〉

기초 생명현상에 대한 학문적 탐구심을 확인할 수 있는 활동들을 꾸준히 진행하는 자세가 좋았어요!

알게 된 지식들을 학교생활을 통해 꾸준히 공유하고 영향을 줄 수 있는 활동도 좋았어요!

학교생활기록부를 작성하는 부분에 있어서 이해, 알게 된 내용을 중심으로 썼는데요, 탐구과정에서 확인할 수 있는 학생의 지식의 확장 외 추가적인 역량을 보여줄 수 있는 탐구과정과 교사의 평가가 있었다면 더 좋았겠어요.

◆ ◆ ◆

학교생활기록부 내용

Tips+ (입학사정관 평가)

학교생활기록부 내용	Tips+ (입학사정관 평가)
생명과학 시간에 배운 효소로 인한 질병에 관한 기사를 접하고 효소의 특성을 탐구함. 전문 서적과 해외의 연구자료들을 탐구하며 새로운 효소들의 종류와 효과 및 효소 관련 유전적 질병과 효소의 성질을 이용한 요검사지 검사, 혈당검사 등의 원리를 이해함. 암세포가 정상세포에서 변형된 것임을 깨닫고, 다시 암세포를 정상세포로 돌리는 방법을 탐구함.	생명현상에 대한 탐구 (학습)과정이 반복적으로 나타남. 끊임없는 학문적 탐구와 교과목의 중요성을 이해하는 과정을 확인했어요.

관련 서적과 최신 연구 동향을 찾아보며 암세포의 발생기전 및 면역세포로부터 방어하는 방법들을 이해함. 현재의 항암치료는 암세포를 정상세포로 돌리지 않고 암세포를 제거하는 것이며, 최근 우리나라 연구팀이 후성유전학적 조절인자인 SETDB1을 조절하여 암세포를 정상세포로 되돌리는 시도에 성공했음을 알게 됨.

유전자 가위를 이용한 질병 치료 원리와 방법을 탐구함. 생명의 설계도 게놈 편집의 세계"라는 책을 읽고, 신문 기사와 관련 기관들의 자료를 참고하여 최근에는 유전자 편집 기술을 이용하여 유전적 질환뿐만 아니라 노인성 황반변성과 같은 비유전성 퇴행 질환도 치료할 수 있음을 알게 됨.

수학 시간에 배웠던 개념 중에서 지수함수의 개념을 이용하여 바이러스의 개체 수 변화에 대해 알아봄. 숙주세포의 핵 속에 있는 유전물질인 핵산의 복제 장치로 자신과 똑같은 개체를 수없이 복제하는 바이러스의 특성을 활용함.
일상에서 자주 복용하는 의약품 중 복통약에 대해 소화를 돕는 약품과 속이 쓰릴 때 먹는 약품, 그리고 설사 증상이 있을 때 복용하는 약들로 구분하여 각각의 성분과 이에 따른 작용기전 및 효과를 탐구함.

학습과정에 대한 역량 등 학생의 특징에 대한 교사의 평가가 있었다면 좋았겠어요!

또한, 알게 된 지식을 통해서 스스로 관심을 갖고 있는 또는 궁금한 부분들을 스스로 해결하려는 노력도 보여주었다면 더 좋았겠어요.

화학수업시간에 이온결합을 배우고 주변의 이온결합 화합물 중 링거액을 탐구함. 링거액의 사용 목적, 특징, 제조방법, 주의할 점과 부작용과 및 마시는 링거액이 개발된 사례 등을 찾아보고 이해함. 링거액을 구성하는 화학성분을 분석하며 링거액의 여러 특징을 더 정확하게 이해하게 되면서 보건의료분야에서 화학의 중요성을 깨달음.

진로프로젝트로 의료보건 분야의 질문에 답해주는 오픈 게시판을 운영함. 불면증에 대한 질문에 수면 호르몬인 멜라토닌의 분비와 관련해 햇빛을 잘 받고, 수면 직전 운동을 금지할 것과 수면 전 샤워를 통해 체내 장기의 온도가 1도 낮은 상태가 수면에 도움을 준다는 정보를 제공함. 구취에 대한 고민은 구취 발생의 주원인은 헬리코박터균 감염에 의한 것이므로 감염의 주원인인 마늘, 양파, 겨자 등 황 성분이 다량 함유된 음식을 줄일 것을 권고하는 등 보건의료분야의 정보제공을 위해 노력함. 기숙사에서 학생들의 올바른 약 복용을 돕는 활동을 기획하고 진행함. 기숙사 약품함에 있는 상처 치료용 연고, 진통제, 감기약 등 학생들이 가장 많이 복용하는 약품들의 성분과 복용량, 주의사항을 조사하고 정리하여 구급상자에 부착함.

의료보건 분야의 지식을 공유하려는 노력과 공동체를 위해 노력하는 특징을 확인할 수 있어 좋았어요!

을지대(임상병리학과) 합격생

〈사정관의 총평〉

교과목 시간에 배운 내용을 중심으로 적용이 가능한 주제를 설정하고 탐구하는 자세가 좋았어요!
탐구를 위해 다양한 원리와 이론적 탐구를 바탕으로 자신만의 가설을 수립하고,
이를 증명하기 위해 꾸준히 탐구하는 높은 수준의 탐구심과 학생에 대한 교사의 평가가
있었기에 지원한 대학에서 좋은 평가를 받았어요!!

✦ ✦ ✦

학교생활기록부 내용

Tips+ (입학사정관 평가)

항생제 내성의 심각성을 깨닫고 항생제 내성이 적은 천연 항생제를 탐구함. 주변에서 항생 효과가 있는 천연물질들을 조사하여 대장균 배지를 만들고, 세균을 배양하여 항생제를 제작함. 이후 기존 항생제와 imageJ를 이용한 면적 비교실험을 진행하고 합성 항생제에 비해 부족함이 없는 천연 항생제의 효과를 확인함.

궁금한 부분들을 지속적으로 학습하고 탐구하면서 스스로 증명하고 성장하는 과정을 확인했어요!

생명과학 시간에 배운 내용 중 세포독성 T세포가
특정 감염 세포를 인식하는 방식을 탐구함. 탐구
중 생소한 용어와 내용에 어려움을 느끼고 "면역에
관하여(율라 비스)"라는 관련 서적과 대학교수들의
강의 영상을 찾아보며 면역에 대한 기본적인
개념과 과정을 이해함. 그리고 T세포가 퍼포린과
그렌자임이라는 단백질을 이용하여 세포벽을
파괴하고 감염 세포를 제거한다는 것을 알게 됨.

연속되는 보완·발전적
탐구과정과 해당 탐구
과정에 대한 교사의
평가 또한 좋았어요!

만능 줄기세포에 대한 탐구 후 최신 의생명
기술에 관심이 생겨 조사하던 중 세포치료제의
일종인 CAR-T 치료제가 2학년 때 조사했던
T세포의 항원 인지 방식에서 유래된 것임을 알게
된 후 호기심을 갖고 탐구함. 관련 학술자료와
영상 및 전문가들의 강의 영상을 참고하여
CAR-T 치료제의 원리와 제작 방법을 이해하게
되었다고 보고서에 작성함. 아직 해결책이
없는 병의 치료법을 CAR-T 세포 치료를 통해
개발하고 싶다는 생각과 많은 최신기술의 개발과
발전이 우리 몸속에서 일어나는 면역반응에서
비롯되고 있다는 사실을 깨달았다는 모습에서
미래 연구원으로서 발전 가능성을 확인함.

보완 · 발전적 탐구에
이어서 전문가와의
인터뷰를 통한 피드백
하며 성장하는 과정
등 전체적인 탐구활동
의 방향과 내용이
좋은 흐름을
유지했어요. ^^

과학신문 기사에서 줄기세포를 활용한 화장품이 피부 노화 방지에 효과가 있음을 알게 된 후, 노화 방지 및 역노화 분야에서 줄기세포 활용방안을 탐구함. 관련 학회와 학술자료, 영상자료 등 다양한 자료를 탐구하며 노화와 자연사의 원인에서부터 줄기세포 분야에서 연구 중인 노화 방지와 역노화의 활용 방안으로 줄기세포 정맥주사와 유도만능 줄기세포에 대해 이해하게 되었다고 보고서에 작성함. 특히, 역노화에 대한 해결책을 알아보기 위해 관련 분야 전문가에게 이메일과 영상통화를 하며 유도만능 줄기세포의 현재 연구 동향까지 깨닫게 되었다는 모습을 통해 미래 연구원으로서의 지적 호기심과 도전정신을 확인함.

코로나19 자가 진단 키트의 신속하고 즉각적인 진단기능을 활용한 공수병 진단 키트 개발을 탐구함. 환자의 혈액. 혹은 체액에 있는 항체를 검사하는 코로나 진단 키트의 원리와 관련 기관의 정보를 통해 항체가 만들어질 때까지 시간이 오래 걸리는 공수병의 특성을 이해. 공수병 진단에서 항체의 유무를 판단하는 것보다 상처에서 침입하는 항원의 유무를 판단하는 것이 더 중요하다고 생각하고, 코로나 진단 키트에서 사용된 항원-항체 반응에서 항원과 항체의 역할을 바꾸어 광견병의 항체를 키트에 고정하고 환자 상처의 혈액 속 항원의 유무를 판단하는 공수병 진단 키트를 구상함.

한성대(IT공과대학), 명지대(전기전자공학부), 가톨릭대(컴퓨터정보공학부) 합격생

〈사정관의 총평〉

간단한 활동들을 통해서 전공지식과 기초적 탐구역량을 쌓고,
이러한 활동을 바탕으로 성장한 탐구심을 활용한 자신만의 주제를 탐구하는 자세가 좋았어요!
학교생활기록부를 작성하는 부분에서 객관적인 활동만을 나열한 부분이 아쉬워요!

✦ ✦ ✦

학교생활기록부 내용

Tips+ (입학사정관 평가)

최근 대화형 인공지능 로봇이 전 세계 기업과
일반 대중들에게까지 널리 사용되는 것을 보며
대화형 인공지능 로봇의 활용도와 기술적 확장을
깨닫고, 직접 이를 제작해 봄. 관련 기관의 자료와
"처음 배우는 딥러닝 챗봇(조경래)" 등을 참고하여
데이터를 학습시키고 대화형 인공지능 로봇에게
자연어를 이해시키는 과정을 통해 로봇에
개발되는 라이브러리가 사용되는 기술과

전공과 관련된 기본적
인 활동을 통해서
기초지식을 쌓고 자신
의 능력으로 해결할
수 있는 익명 상담
시스템을 기획하는 등
문제 해결을 위한
노력이 좋았어요.

언어에 코드가 다르다는 것을 알게 되었다고
보고서에 작성함.

익명성을 이용하여 학생들의 고민을 상담하는
창구의 필요성을 깨닫고 인터넷의 채팅기능을
활용한 교내 익명 상담 시스템을 제작함. 계정생성
플랫폼을 활용하여 클라이언트와 서버를 각각
코딩하고, 클라이언트와 서버가 서로 통신할 수
있도록 포트를 설정함.

꿈이룸 심화 아카데미 '인공지능을 이용한 문제
해결 프로젝트'라는 주제의 전공특강(2023. 05.
24.~2023. 05. 30./6시간)에 참여함. 뉴스 빅데이터
분석 시스템을 활용하여 2018년 01월 01일부터
2023년 05월 30일까지 버스, 대중교통, 운수업,
스마트폰이란 주제어를 이용하여 총 7,492건의
뉴스 속 키워드를 검색함. 그 결과 뉴스 메타
정보에서 정류장, 태그리스, 목적지란 단어를
추출하고 이를 바탕으로 문제점을 발견하고
해결방법을 찾아냄. 인공지능을 통한 문제 해결
캠프에 참여하여 지역사회 문제 해결 프로젝트를
통해 버스 이용 시 개선사항 정보 제작 활동을
진행함. 프로젝트 수행에서 데이터베이스 수집과
입력 및 데이터베이스 연결을 위한 프로그래밍
활동을 수행함.

최종 산출물을 버스를 이용하여 등하교하는
중고등학생을 대상으로 설치하여 프로그램 사용
결과에 대한 환류를 받은 후 개선점을 공유하는
활동을 계획함.

광운대(소프트웨어학부), 세종대(정보보호학과) 합격생

〈사정관의 총평〉

끊임없이 탐구하고 노력하는 열정적인 자세가 좋았어요!
다양한 활동을 통해서 희망 진로에 대한 전문성을 쌓고 자신만의 탐구심과 문제 해결력을
보여주는 성장 과정이 지원한 대학에서 좋은 평가를 받을 수 있었어요!!

✦ ✦ ✦

학교생활기록부 내용

Tips+ (입학사정관 평가)

수업 시간에 주제 탐구를 위해 논문을 조사할 때 내용이 너무 많아서 많은 시간을 필요로 했던 경험을 상기하며 논문의 주요 내용을 요약해 주는 논문 요약 프로그램을 제작함. 기존의 요약을 해주는 Open API를 이용하여 코드에서 논문 주소를 받으면 내용을 요약하도록 함.

다양한 주제를 희망 진로 분야와 연결해서 지속적으로 탐구하는 우수한 활동량 및 탐구심을 보여주었어요!

정보보안을 위해서는 해킹의 원리와 방법을 이해하는 것이 우선이라고 생각하며 모의해킹을 공부하고 시연해 봄. 해킹기법들을 배운 후 리버스엔지니어링, 웹 해킹, 시스템 해킹기법들을 JavaScript, SQL, HTML, PHP 등의 언어를 이용하여 직접 해킹해 봄.

(자율: 인구교육) 후 고령화 및 저출산의 문제점을 인식하고 우리나라의 남녀 간 연령대별 인구의 데이터들을 파이썬을 활용하여 웹 크롤링함. 그리고 Series, DataFrame, Index, 데이터 선택 등을 활용하여 분석한 데이터들을 Matplotib을 통해 그래프로 시각화함.
미래 과학기술과 바이오산업의 융합에 관심을 갖고 Microbit를 활용한 스마트 팜을 제작함. Radio(무선통신)을 활용한 송수신, If 함수를 활용하여 토양 습도를 측정한 뒤 물을 공급하고, 일조량을 점검한 후 부족한 만큼 LED를 점등할 수 있도록 코딩함.
손 세정제 손잡이의 공동 이용에 따른 감염을 예방하기 위해 아두이노 센서를 이용하여 자동으로 세정액이 나오는 자동 손 세정제 시스템을 제작함. 추가로 카메라를 이용하여 마스크의 올바른 착용을 인식하고 점검을 할 수 있는 얼굴인식 시스템을 코딩하고 실행함.

"~을 제작함.", "~을 해킹해 봄." 등 객관적인 활동들의 나열을 넘어서 이러한 활동들을 통해서 학생이 고민하고 성장하는 과정과 각각의 과정에 대한 교사의 평가가 있었다면 더 좋았겠어요!!

컴퓨터에 저장된 정보들을 보호하기 위해 사용되는 로그인 시스템을 제작함. Frontend의 개발자 도구로 로그인 창에 필요한 요소를 HTML을 이용하여 제작하고, Backend 도구로 CSS와 HTML을 연결한 후, PHP 코드로 Frontend에서 아이디와 비밀번호를 입력하면 Backend에서 일치 여부 확인 및 회원가입 과정을 수행하도록 함.

지능적이고 잔혹해지는 범죄 관련 기사들을 접하고 CCTV 설치 위치와 범죄 발생 빈도, 지리 정보를 활용하여 범죄 발생 패턴을 분석한 후 범죄 우발 지역을 나타내는 스마트 시큐리티 시스템을 제작함. 지능형 영상분석 기술을 활용하여 감시가 필요한 사람들의 얼굴을 인식하여 추적하고 행동을 분석하여 재범률을 줄이도록 함.
해킹기법 중 키보드에 입력값을 기록하는 키로깅을 탐구함. 키로깅의 원리 및 하드웨어 및 소프트웨어 키로깅의 특징을 조사하고, 직접 소프트웨어 키로거를 제작하고 서버에 연결하여 다른 컴퓨터의 프로그램을 본인 컴퓨터로 전송하도록 구현함.

희망하는 전공 분야와 관련된 활동을 통해서 지식을 쌓고 스스로 궁금한 부분들에 대해 주제를 탐구하는 자세가 좋았어요!

학교생활기록부의 기록 또한 학생의 역량을 평가한 부분이 지원한 학교에서 좋은 평가를 받았어요!

직접 해킹 코드를 제작 및 시연해보며 해킹의
위험성을 깨닫고 보안 분야의 전문가가 되어
해킹으로 인한 피해를 감소시킬 것이라고
주장하는 모습을 통해 미래 보안 전문가로서의
지적 호기심과 도전정신을 확인함.

국민대(인공지능학부), 인하대(컴퓨터공학과), 단국대(소프트웨어학과) 합격생

〈사정관의 총평〉

전공과 관련된 꾸준한 탐구와 탐구과정에서 보여준 역량의 성장 그리고 교사의 평가 등을
확인할 수 있어서 좋았어요!

✦ ✦ ✦

학교생활기록부 내용

Tips+ (입학사정관 평가)

익명성을 이용하여 학생들의 고민을 상담하는
창구의 필요성을 깨닫고 인터넷의 채팅기능을
활용한 교내 익명 상담 시스템을 제작함.
계정생성 플랫폼을 활용하여 클라이언트와
서버를 각각 코딩하고, 클라이언트와 서버가 서로
통신할 수 있도록 포트를 설정함.
코로나바이러스19 예방을 위해, 오렌지 보드에
적외선센서로 측정한 거리가 10mm 미만일 때

학교에서 경험하는
문제 상황을 인식하고
스스로 해결하기 위해
전공 관련 지식을
쌓고 노력하는 자세를
확인할 수 있어서
좋았어요.

세정액을 분사하는 손 세정기를 제작함. 추가로
카메라를 이용하여 마스크의 올바른 착용 여부를
점검할 수 있는 얼굴인식 시스템을 수차례의
시행착오를 겪으며 코딩함.

인공지능 관련 투자 기사에 관심을 갖고, 순환
신경망을 이용한 주가 예측 프로그램을 제작함.
특정 주식 종목의 과거 5년간 일별 최고가, 종가,
거래량 등의 자료를 이용하여 '예측 종가'를 종속
변수, 종가 데이터는 독립 변수로 지정하여 주식
투자 시스템을 학습시킨 후, 미래 30일간의 주식
종가를 그래프로 표현하는 주가 예측 프로그램을
개발함. 자료의 기간이 길수록 과거의 정보가
마지막까지 전달되지 못하는 장기의존성 문제를
발견한 후 기계학습 장단기 메모리를 활용한
프로그램으로 재설계하여 학습능력을 향상시키는
모습에서 도전정신과 사고의 유연성을 확인함.

앞선 활동에서 나아가
깊이 있게 탐구하고,
문제를 해결하는
능력이 성장했음을
보여줄 수 있는 꾸준한
탐구활동이 좋았어요!

해당 활동에 대한
교사의 평가에서
학생의 역량을 표현한
내용이 좋았어요!!

꿈이룸 심화 아카데미 '인공지능을 이용한
문제 해결 프로젝트'에 참여하여 우리 동네
의류 수거함 위치정보 제작 활동을 진행함.
프로젝트 수행에서 데이터베이스 수집과 입력 및
프로그래머 역할을 수행함. 도로명 주소로 표기된
우리 동네 의류 수거함 위치를 위도와 경도로
변환하고, 현재 위치를 도로명 주소 형태로

입력하면 가장 가까운 의류 수거함 위치를
출력하는 프로그램을 개발함. 재사용 가능한
의류가 일반 쓰레기로 많이 버려지고 있다는
것과 의류 수거함이 우리 주변에 많다는 점 등을
강조하며 지역 주민들에게 홍보하고 배포함.
CCTV 설치가 증가하는 추세임에도 범죄율이
크게 줄어들지 않는다는 문제점을 인식하고,
범죄예방 및 신속한 조치를 위한 인공지능
범죄예방 시스템을 제작함. CCTV 위치 지도와
지리 정보를 결합하여 범죄 발생 패턴을 분석하고
이를 시각화하여 범죄 위험 지역을 인지하도록
함. 또한, 지능형 영상 분석기술을 활용하여
전과가 있는 사람의 얼굴을 인식하면 실시간으로
행동을 분석하고 추적하는 시스템을 구상하는
모습을 통해 공학도로서 지식활용능력 및 융합적
문제 해결력을 확인함.

국민대(인공지능학부),
세종대(인공지능학과) 합격생

〈사정관의 총평〉

학교에서 생활하면서 경험하는 다양한 주제들을 전공과 연결하여
꾸준히 탐구하는 자세가 좋았어요!
탐구하는 과정에서 학생의 지식과 지식을 활용하는 응용력 또는 강점 등
역량의 성장에 대한 기록까지 함께였다면 더 좋았겠어요!!

✦ ✦ ✦

학교생활기록부 내용   Tips+ (입학사정관 평가)

학교생활기록부 내용	Tips+ (입학사정관 평가)
장애 이해 교육을 받은 후 언어장애인과의 원활한 소통을 위해 인공지능 딥러닝을 활용한 수화 번역기를 구상하고 제작함. '미안하다', '고맙다' 등의 여러 표현에 관한 이미지를 각 100장 이상 수집하여 데이터셋을 구축하여 인공지능에 학습을 시킨 후, 수화 이미지를 읽고 텍스트로 번역하도록 함.	다양한 주제 탐구활동을 통해서 전공 분야에 대한 관심과 열정을 확인할 수 있어서 좋았어요!

선형회귀이론으로 학습시간 대비 나타나는
결과를 구현했던 프로그램을 발전시켜 학생들의
시험 성적당 합불을 예측하는 로지스틱 회귀
예측 모델을 파이썬으로 구현함. 이 과정에서
이진 분류를 활용하기 위한 대표적 알고리즘인
로지스틱 회귀 이론과 시그모이드 함수의
활용법을 익히고, 행렬을 프로그램으로 구현하는
방법을 깨달음.

학습시간에 비례하여 나타나는 학업성적을 예측해
보기 위해 주어진 데이터로부터 Y와 X의 관계를
나타내는 직선을 표현하는 선형회귀 이론을
탐구함. 이 과정에서 손실함수(비용함수)를 구하는
방법과 경사 하강법을 구현하여 최적의 값을
찾아내는 방법을 익히고, 학습시간에 비례하여
학업성적을 예측하는 간단한 선형회귀 모델을
파이썬으로 구현해 봄.

활동에 대한 객관적
인 내용만을 기록한
부분을 탐구과정에서
학생의 성장에
초점을 두고,
탐구 수준 또는 사고
력 및 문제 해결 능력
등 역량의 변화를
함께 기록해 주었다면
더 좋았겠어요!!

세계적으로 총기 테러에 대한 위협이 증가하고
있음을 깨닫고 해결방안으로 총기를 인식하는
인공지능 시스템을 제작함. 객체검출(탐지) 모델인
YOLOv5와 파이썬을 이용하여 총기 데이터셋을
학습시켜 총기를 인식하고, 총기를 발견하면 총기가
발견된위치에 박스 형태로 경고 표시를 출력되는
총기인식 시스템을 제작함.

위치에 박스 형태로 경고 표시를 출력되는
총기인식 시스템을 제작함.

친구들에게 수학을 가르쳐 주던 중 함수에
대한 이해가 부족함을 깨닫고 학습자의 이해를
돕기 위해 파이썬을 활용하여 함수를 그래프로
구현하는 프로그램을 제작함. 좌표축에 화살표를
나타내고 격자무늬의 배경을 출력하여 그래프를
보기 좋고 이해하기 쉽도록 표현함. 일차함수,
이차함수, 삼차함수를 순서대로 표현하며
함숫값들을 다르게 입력할 때마다 그래프가
변화하는 것을 눈으로 확인하며 함수에 대한
이해를 돕도록 함.

손 세정제를 공용으로 사용하며 발생하는 감염의
위험을 줄이기 위해 아두이노를 이용하여 초음파
센서에 손을 가져다 대면 세정액을 분사하는 자동
손 세정기를 제작함. 머신러닝과 자바스크립트를
이용하여 마스크를 바르게 착용하지 않으면
경고음이 울리도록 함. 앞으로도 일상의
불편함이나 개선점을 관찰하고 해결방법을
고민하고 실행에 옮길 것을 다짐함.

경기대(AI컴퓨터공학부), 단국대(산업보안학과), 아주대(사이버보안학과) 합격생

〈사정관의 총평〉

문제를 해결하는 과정에서의 전공에 대한 열정과 문제 해결력을 확인할 수 있어서 좋았지만,
탐구과정의 구체성과 지원자의 노력 및 성장 등에 대한 기록이 아쉽게 느껴져요!
그래서 활동의 수준 및 기록 등에 대한 평가는 평균적인 평가를 받을 수 있다고 생각해요!

♦ ♦ ♦

학교생활기록부 내용
Tips+ (입학사정관 평가)

학교생활기록부 내용	Tips+ (입학사정관 평가)
장애 이해 교육을 받고 아두이노와 3D프린터를 활용하여 스마트 지팡이를 제작함. 장애물과 가까워지면 센서를 이용하여 사용자가 장애물을 인식하도록 초음파 센서, 피에조 부저, 서보 모터로 이어지는 작동과정을 설계하고 이를 코딩함.	문제 상황을 인식하고 해결하기 위한 노력을 보여주는 기본적인 탐구활동으로 탐구과정에서 어려움을 해결하기 위해 노력한 부분이 좋았어요!

파이썬을 활용하여 벽을 따라서 청소할 수
있도록 코딩한 로봇청소기를 제작함. 처음에는
P 제어를 이용하였지만, 바닥의 형태가
다르고, 장애물에 취약하다는 문제점을 발견한
후, PID 제어와 터치센서를 활용하여 단점들을
보완함. 이를 통해 공학에서 특정 상황에서만
활용 가능한 것이 아닌, 보편적으로 사용
가능한 산출물을 만드는 것이 중요하다는 것을
깨달음.

서울대(인문계열), 고려대(교육학과), 연세대(교육학부), 성균관대(인문과학계열), 한양대(정책학과) 합격생

〈사정관의 총평〉

교과 영역에서 배운 지식에 대한 호기심을 스스로 증명 / 탐구하는 과정에서 나타나는
학문적 탐구역량과 배움의 목적을 깨닫는 융합적 사고력에 대한 교사의 평가가 좋았어요.

✦✦✦

학교생활기록부 내용   Tips+ (입학사정관 평가)

우울증의 발생 원인과 항우울증제의 작용원리를
생물학적으로 탐구하며 뇌 신경세포의 구조와
역할을 이해함. 세로토닌, 노르에피네프린,
도파민 등 우울증과 관련된 신경전달물질은
감정과 밀접한 연관이 있다는 것과 이러한
물질들의 불균형이 우울증의 원인이 됨을 알게
됨. 항우울제는 이러한 불균형을 조절하여 우울
증상을 개선하는 기능이 있으며 작용기전에 따라

세분됨을 이해함.

화학 교과서에서 반응 속도에 대한 개념을 접한 후, 시간의 변화에 따른 농도의 변화를 정확하게 수치적으로 표현하는 것에 호기심을 갖고 탐구함. 화학 교과서에 나온 1차 반응 속도 식과 일반적인 반응 속도에 관한 공식을 연립하여 나타내 적분하면 일정한 시간 후의 농도의 변화를 수치로 표현할 수 있다는 것을 직접 증명한 후, 추가로 전공 학술자료를 찾아보며 0차 반응과 2차 반응에서도 시간에 따른 농도의 변화를 예측할 수 있음을 알게 되었다고 보고서에 작성함. 이러한 과정을 통해 수학과 과학의 연관성 및 수학을 공부해야 하는 이유를 명확히 알게 되었다는 주장에서 지적 호기심과 융합적 사고력을 확인함.

화학, 수학 등 교과목의 내용을 중심으로 관심을 가지고 있는 분야에서 활용 가능한 반응시간에 대한 호기심을 스스로 분석 및 증명하려는 융합적 탐구심과 교사의 평가가 좋았어요!

강원대(화공생물공학부), 중앙대(시스템생명공학과) 합격생

〈사정관의 총평〉

호기심을 해결할 때까지 관련 지식을 탐구하는 열정과 지식을 활용해서 창의적으로 문제를 해결하는 자세가 좋았어요! 더불어 교사의 역량에 대한 긍정적인 평가가 더 좋은 평가가 가능하게 했어요!

✦✦✦

학교생활기록부 내용

Tips+ (입학사정관 평가)

미국에서 돼지의 심장을 사람에게 이식하는 수술이 성공적으로 진행되었지만, 환자가 3개월 만에 죽었다는 기사를 접하고 이에 호기심을 갖고 이종장기이식과 크리스퍼 가위를 탐구함. 동물의 장기를 이식할 때는 인체의 거부반응을 줄이기 위해 유전자를 조작하는데, 인간의 면역체계는 돼지 장기의 알파갈이라는 단백질 성분을 공격하기 때문에 알파갈을 제거하는

호기심에서 시작한 전공 관련 탐구에서 지식을 확장하는 탐구심을 확인할 수 있어서 좋았어요!

유전자 변형을 하고 면역 수용을 위해서 인간의 유전자 정보를 삽입한다는 것을 알게 되었다고 보고서에 작성함. 추가로 줄기세포를 이용한 인공 장기 제작 기술을 조사하는 등 미래 연구원으로서 지적 호기심과 문제 해결을 위한 적극적인 자세가 인상적임.

뉴스에서 지뢰를 밟아 다리를 절단한 군인의 사례를 보고 플라나리아 재생능력을 활용하여 재생을 돕는 세포나 유전자를 활용한 치료 방안을 탐구함. 플라나리아에 존재하는 네오블라스트 세포로 인해 플라나리아는 몇 등분을 해도 계속 복구가 됨을 깨닫고, 이를 만능 줄기세포라 불리는 인간의 배아줄기세포와 비교함. 네오블라스트 세포를 이용하여 플라나리아의 손상 부위를 복구하는 능력을 인간의 배아줄기세포의 유전자 편집 기술에 적용하여 신체 절단 부위를 복구할 수 있는 치료법을 구상하는 등 연구원으로서의 지식활용능력이 인상적임.

활동에 대한 객관적인 내용만을 기록한 부분을 탐구과정에서 학생의 성장에 초점을 두고, 탐구 수준 또는 사고력 및 문제 해결 능력 등 역량의 변화를 함께 기록해 주었다면 더 좋았겠어요!!

한성대(IT융합공학부), 강원대(전기전자공학과), 충북대(전기공학부), 인천대(전기공학과) 합격생

〈사정관의 총평〉

전기전자 폐자원 문제에 대한 지속적인 탐구를 통해서
스스로 문제를 해결하는 과정을 구상하는 탐구과정이 좋았고,
해당 과정에 대한 교사의 평가가 좋았어요.
대안에 대한 분석적/체계적 검토과정도 보여주었다면 더 좋았겠어요!!

✦ ✦ ✦

학교생활기록부 내용   Tips+ (입학사정관 평가)

"전자 쓰레기 이야기(김지현)"를 읽고 전기 전자 폐자원이 2021년 세계적으로 5,740만 톤이 발생하였으며, 휴대폰 등의 전자기기 교체 주기가 짧아져서 매년 200만 톤씩 증가할 것이라는 문제점을 인식하고 전기 전자 폐자원 재활용방안을 탐구함. 전기 전자 폐자원을 재활용하는 과정을 시뮬레이션해보며 재활용 과정에서 발생하는 열을 열 교환기를 설계하여

문제를 효과적으로 해결하기 위해서 기존의 기술들을 탐구하는 자세가 좋았어요!

더욱 효과적으로 처리하는 방안을 구상하는 모습을 통해 공학도로서 문제 해결 능력과 발전 가능성을 확인함.

에너지와 IT를 융합한 기술영역에 대한 이해도를 제고하기 위하여, 전력 분야에 IT를 접목하여 에너지효율 향상 방식의 전환을 유도한 스마트그리드의 최근 기술개발 동향을 살펴보고, 실증 및 사업화에 초점을 두고 진행되고 있는 스마트그리드 기술의 변화 방향을 전망해 봄. 추가로 스마트그리드 구성 요소별 특징과 기술 수준에 따른 스마트시티 모형과 구축 전략을 수립하고, 수집한 스마트시티 구축 전략을 활용하여 도시철도 지능형 전력망을 범용 시뮬레이션 시스템으로 구상함.

이러한 탐구를 바탕으로 새로운 해결책을 고민하는 과정에서 교사의 평가가 도움이 되었어요!

자신의 생각을 뒷받침할 수 있는 또는 효과성을 입증할 수 있는 유사 연구사례 등을 추가적으로 탐구한다면 더 좋겠어요!

서울대·고려대·연세대·한양대
(기계공학부), UNIST(이공계열) 합격생

〈사정관의 총평〉

지식의 탐구와 활용을 실험을 통해서 보여주는 다양한 주제 탐구가 좋았어요!
탐구 경험을 통해서 학생이 가지고 있는 강점 또는 역량에서의 우위를 적극적으로
보여줄 수 있는 기록이 있었다면 더 좋았겠어요!!

✦ ✦ ✦

학교생활기록부 내용

Tips+ (입학사정관 평가)

물리 시간에 쇠구슬의 포물선운동 실험에서 쇠구슬의 수평도달거리가 다른 것에 의문을 갖고 탐구하여 쇠구슬의 횡 단면적에 따른 공기저항이 영향을 미쳤음을 알게 됨. 이후 비행기 모형을 3D프린터로 출력하여 전면 투영 면적이 역학적 에너지 변화에 미치는 영향을 알아보기 위한 실험을 진행함. 관련 서적을 통해 공기저항은

현상을 분석하고 이해하는 과정에서 학문적 탐구심을 확인할 수 있었고, 이러한 지식의 확장을 통해서 자신만의 방법으로 증명하고 표현하는 탐구심이 좋았어요!

후미에서 만나는 공기의 속력 차가 영향을 미치며 와류발생기를 통해 흐름 박리 현상을 방지할 수 있다는 사실을 깨닫고, 실험을 통해 최저 항력을 보인 구조물이 역학적 에너지 감소량이 제일 적음을 확인함.

환경보호 교육을 받고 교통수단들의 에너지효율 중 항공기에서 항력이 에너지효율에 중요한 요소임을 깨닫고 이를 탐구함. 항공기 날개의 기압 차이에 의해 발생하는 유도항력과 유해 항력을 그래프로 표현하여 총 항력이 최소가 되는 지점을 파악하고 이를 산술평균과 기하평균의 관계를 이용하여 알지오메스로 나타냄.

로켓의 클러스터링 기술과 추력 제어 기술을 탐구하고 서보모터를 이용하여 4기의 연소실을 회전시켜 TVC 추력 제어가 가능한 클러스터드 엔진을 3D프린터로 제작함. 이 과정에서 추진제 탱크의 기울기로 내부의 유체압력이 변화하여 4기의 엔진 추력이 같지 않다는 문제점을 발견하고, 자이로 센서와 가속도 센서를 이용한 서보모터 제어로 해결방법을 모색함.

실험을 통해 경험할 수 있는 어려움 또는 문제를 해결하기 위해 노력하는 과정이 구체적이면 더 좋았겠어요!

세종대(우주항공시스템공학부),
명지대(기계산업경영공학부) 합격생

〈사정관의 총평〉

간단한 하나의 주제 탐구에 대한 기록이지만
학생의 탐구심과 이에 대한 교사의 평가가 잘 드러나 좋았어요!!

✦ ✦ ✦

학교생활기록부 내용

Tips+ (입학사정관 평가)

누리호 3차 발사에 관한 기사를 보며 로켓의
발사 원리에 궁금증을 가지고 탐구함. 무중력
상태에서의 로켓의 추진체 연소와 로켓의
속도와의 관계를 나타내는 로켓 방정식을 직접
유도해 보며 로켓이 운동하는 원리를 정확히
이해하기 위해 노력하는 모습을 통해 도전정신과
분석력이 우수한 학생임을 확인함. 이 과정을
통해 로켓의 초기속도가 빠를수록 최종속도가

빨라지는 것과 연료를 분사하는 속도가 빠를수록 최종속도도 빨라지는 이유가 로켓이 연료를 분사하는 힘만큼 연료도 로켓을 밀기 때문이라는 사실 등을 직관적으로 이해할 수 있게 되었다고 보고서에 작성함.

증명과정에 대한 노력 등을 조금만 더 구체적으로 표현하고 알게 된 내용을 줄였다면 더 좋았겠어요!

연세대(사회환경시스템공학부), 한양대(자원환경공학과) 합격생

〈사정관의 총평〉

문제를 해결하기 위해 꾸준한 지식의 습득과 탐구과정을 통한 성장에 대한
교사의 평가가 좋았어요!
규조류를 활용한 미세플라스틱의 분해와 관련된 사고실험의 결과를 검증 및 발전시킬만한
추가적인 활동이 있었다면 더 좋았겠어요!

+ + +

학교생활기록부 내용

Tips+ (입학사정관 평가)

음식물쓰레기가 막대한 환경오염과
경제적 손실을 발생시킨다는 문제점을
인식했지만, 기존에 사람들의 인식개선을
위한 캠페인만으로는 근본적인 문제 해결에
어려움이 있음을 깨닫고 미생물을 활용한 음식물
처리기술을 탐구함. 짠 음식이 많은 우리나라
음식의 특성을 고려하여 산성과 염분에 강한
'아시드로'라는 미생물을 알게 되었다고

음식물쓰레기로 인한
환경오염과 경제적
손실을 해결하기 위한
기술적, 학문적 탐구
를 통해서 가능성을
모색하고 실험을 통해
서 검증하는 과학적
탐구절차가 좋았어요.

보고서에 작성함. 추가로 미생물이 음식물을
분해하는 과정을 직접 실험해 보며, 미생물을
활용한 기술이 한 번에 많은 양을 처리하기는
힘들지만, 음식물쓰레기의 부피를 줄이고
냄새도 나지 않으며 비료로도 사용 가능한
장점이 있음을 이해하게 되었다는 모습에서
연구원으로서의 지적 호기심과 도전정신을
확인함.

이러한 경험을 바탕으로
다음 주제 탐구에서
발전적인 탐구심과 사고
실험의 수준을 높인
부분과 이에 대한 교사의
평가가 좋았어요!

미세플라스틱 발생 및 유입경로와 생태계에
미치는 영향 및 해결방안을 탐구함.
학술자료를 통해 육상, 대기, 수생환경으로
나누어 미세플라스틱이 발생하여 유입되는
과정을 이해하고 동물과 인간에 미치는 영향을
생물학적으로 알아봄. 해결방안으로 여러
연구소와 학술자료에서 규조류를 이용하여
미세플라스틱을 제거하는 방법에 주목하고
실험과정을 면밀히 분석하여 규조류의
미세플라스틱 제거 가능성을 확인하는
모습에서 환경극복 의지 및 태도를 엿봄.

시립대(환경공학부), 동국대(바이오환경공학과), 서울과기대(환경공학과) 합격생

〈사정관의 총평〉

실증적 실험과 수학·과학적 분석 그리고 관련 자료의 탐구 등 융합적으로
탐구하는 자세가 좋았어요!
탐구의 수준과 노력에 비해 교사의 평가가 더 좋았기에 지원한 상위권 대학에서의
우수성 입증을 위해서는 추가적인 깊은 주제 탐구가 있었다면 더 좋겠어요!!

✦ ✦ ✦

학교생활기록부 내용   Tips+ (입학사정관 평가)

기사와 학술자료를 통해 미세플라스틱이 인체에 미치는 심각성을 깨닫고 해결방법을 찾아보던 중, 인체에 유입된 미세플라스틱이 일정 크기 이상으로 응집하게 되면 체외로 배출된다는 연구자료를 보고 직접 실험을 통해 증명해 봄. 실험환경과 도구의 제약으로 수작업으로 사포를 이용하여 미세플라스틱을 만들고, 두 종류의 미세플라스틱을 증류수와 담수에 용해시킨 후,	실험과 수학·화학적 분석을 통해서 직접 이해하고 증명하려는 탐구심을 확인할 수 있었어요.

응집화를 돕는 요인을 pH 농도와
황산알루미늄 농도에 기반하여 분석하는
모습을 통해 미래 생명연구원으로서의
도전정신과 분석적인 사고력을 확인함.

교내 과학특강에서 용존 산소량이 수질 오염에
영향을 미친다는 것을 배운 후 제시된 산소
포화곡선을 수학적으로 탐구함. 생화학적
산소요구량의 분해 속도는 시간에 따라
유기물량에 비례한다는 내용을 수학적인
식으로 정리하고, 이를 다시 그래프로
표현함. 추가로 하천의 유하거리에 따라
용존 산소의 농도를 알아보기 쉽게 그린
그래프인 산소부족곡선을 통해 어느 지점에서
오염물질이 유입되었고 자정작용으로 얼마나
깨끗해졌는지를 직관적으로 이해할 수 있게
되었다는 모습에서 융합적 사고력이 뛰어난
학생임을 확인함.

교사의 평가를
인정받기 위해서
탐구과정에서
자료를 분석하고
종합적으로
탐구하는 내용이
있었다면
더 좋겠어요!

고려대·연세대·한양대
(신소재공학부) 합격생

〈사정관의 총평〉

다양한 주제를 탐구하는 호기심과 과학적 탐구 자세, 그리고 교사의 평가가 좋았어요!
탐구활동을 통해서 성장한 지식과 역량을 보여줄 수 있는 깊이 있는 탐구활동이 이어졌다면
더 좋았겠어요!!

✦ ✦ ✦

학교생활기록부 내용   **Tips+** (입학사정관 평가)

안정적인 전류를 공급하기 위한 축전기에
호기심을 갖고 축전기의 구체적인 원리와
유전체의 종류 및 특성, 축전기의 효율을 높이는   축전기의 효율 증진을
방안을 탐구함. 축전기에서 재료 자체의 중요성을   위한 소재 분야에서의
인식하고, 축전기의 효율을 높이는 방법을 소재   탐구과정을 중심으로
분야의 시각으로 탐구하며 축전기의 용도에 맞는   기록하면 좋겠어요.
용량과 성능이 중요하다는 것을 깨달았다는
모습을 통해 재료공학자로서 지적 호기심과

발전 가능성을 확인함. 추가로 간단한 평행판축전기를 제작하여 다양한 절연체의 유전율을 비교하고 분석해 봄.

화학 시간에 접했던 풀러렌의 구조와 특징의 연관성에 궁금증을 갖고 수학적으로 증명하며 분자의 구조와 특징 사이의 연관성을 탐구함. 다양한 형태의 풀러렌이 구성하는 탄소의 수와 관계없이 오각형과 육각형으로 이루어진 구 형태에 가까운 형태인 풀러렌의 오각형의 수는 일정하다는 것에 의문을 품고 오일러의 다면체 정리 등을 활용하여 이를 증명함. 분자의 결합 방식과 결합 구조가 어떤 부분에서 연관성이 있는지에 대해 더 깊이 이해할 수 있었다는 모습에서 깊이 있는 융합적 문제 해결력을 확인함.

다양한 문제들에 대한 원인을 꾸준하게 탐구하는 지적 호기심과 융합과학적 탐구심을 확인할 수 있어서 좋았어요!

반복적으로 간단한 원리와 이론 등을 탐구한 내용들이 있는데 이러한 기초자료를 탐구하는 과정에서의 교사의 평가가 좋았는데, 그러한 역량을 직접적으로 보여줄 수 있는 깊이 있는 주제 탐구가 있었다면 더 좋았겠어요.

코로나바이러스19 사태로 인해 매일 천문학적인 양이 버려지고 있는 마스크가 플라스틱으로 만들어져 환경에 악영향을 미치고 있다는 기사를 보고, 플라스틱이 분해되지 않는 이유를 탐구함. 물질이 분해되기 위해서는 미생물이 침입해야 하는데, 플라스틱은 고분자 물질이라 분해가 되지 않음을 깨닫고, 플라스틱의 분자구조를 조절하여 미생물이 들어갈 방안을 찾아볼 것을 다짐함.

스테인리스강이 녹이 발생하지 않는 이유를
탐구함. 스테인리스강에 함유된 크로뮴이 공기에
노출되면 표면에 얇은 산화크로뮴을 형성하여
형성된 막 아래로 산소가 확산함을 막기 때문임을
알게 됨. 철에 불순물을 넣어 합금을 만들면
재료의 특성이 크게 달라짐을 깨닫고 다른 합금도
추가로 탐구해 볼 것을 다짐함.

수영장에서 은이 변색이 된 것을 발견하고 은
변색의 원인과 해결방법을 탐구함. 수영장에서
소독을 위해 물에 주입하는 염소로 인해 가수분해
반응이 일어나고, 염소가 은과 반응하여 생성된
염화은이 표면에 피막을 만들어 은을 변색시킴을
이해함. 이를 제거하기 위해서는 치약을 이용하여
피막을 벗겨내거나 티오요소를 이용하여
황하은에서 은을 회수해야 함을 깨달음.

경기대(건축학과),
명지대(전통건축학전공) 합격생

〈사정관의 총평〉

전공분야에 대한 호기심을 바탕으로 실험과 설계를 통해서 자신의 생각을 실천해 보는
실천적 태도와 꾸준한 열정을 확인할 수 있어서 좋았어요!
학교생활기록부에서 활동만을 나열한 부분을 활동의 누적 과정에서 나타나는
학생의 성장과 이를 보여줄 수 있는 심화된 활동 그리고 그에 대한
교사의 평가가 있었다면 더 좋았겠어요!!

◆ ◆ ◆

학교생활기록부 내용

Tips+ (입학사정관 평가)

공간이 사람들에게 미치는 효과에 관심을
갖고 직접 학생회실의 공간을 리모델링해 봄.
의사소통이 잘 이루어지지 않고 어둡고 좁은
느낌의 회의실을, 실내 디자인 프로그램을
활용하여 학생회실에 가장 적합한 구조로 변경해
봄. 회의실을 사용하는 학생회 임원들에게 설문
조사 결과 이전보다 공간이 넓어지고 안정적이며
의사소통에도 훨씬 도움이 된다는 결과를 얻음.

환경보호를 위해 폐플라스틱을 활용하여
철근을 대체하는 유리섬유강화플라스틱과
엠보시트가 개발되었다는 기사를 보고, 철근과
폐플라스틱을 인근 공사장에서 수거하여
내구성과 팽창도를 비교하는 실험을 진행함.

인공위성 누리호 발사대 '엄빌리컬 타워'에
적용된 기술에 호기심을 갖고 탐구함. 로켓
발사 시 발생하는 엄청난 열과 소리, 진동을
완화하기 위해 화염유도로 냉각 시스템을
이용하고 음향 하중을 줄이기 위한 특수한
흡음재를 사용하며 트러스 구조를 이용하여
로켓이 발사할 때 반작용으로 작용하는 하중을
지탱한다는 것을 이해함. 3D프린터로 트러스
구조의 로켓발사대 모형을 출력하고 지탱
가능한 힘의 크기를 측정함.

건축물을 설계하는 BIM 기술을 활용하여
가상 건축물을 제작하고 메타버스 속에서
3D이미지로 구현함. 이후 디지털트윈 기기를
제작하고 이를 활용하여 메타버스 속의
건축물을 가상으로 체험해 봄.

세종대·광운대(건축공학과) 합격생

〈사정관의 총평〉

전공 분야에 대한 호기심을 바탕으로 꾸준한 탐구를 통해서 관련 지식을 쌓는 태도와 열정을 확인할 수 있어서 좋았어요!
학교생활기록부에서 활동의 누적 과정에서 나타나는 학생의 성장과 이를 보여줄 수 있는 심화된 활동 그리고 그에 대한 교사의 평가가 있었다면 더 좋았겠어요!!

✦ ✦ ✦

학교생활기록부 내용

Tips+ (입학사정관 평가)

건축물 붕괴사고의 원인 중 하나인 건축물의 하중에 관심을 갖고 탐구함. 건축법률을 찾아보면서 용도별, 면적별 허용하중 중량을 조사하고, 주변 건물의 용도와 허용하중 중량을 알아봄.

에너지효율이 높은 친환경건축물에 관심을 갖고 냉난방 설비에 활용을 목적으로 열효율이 좋은 스털링엔진의 원리를 탐구하고 직접 제작해 봄.
이를 통해 열을 에너지로 활용하는 열기관의 동작
원리를 이해함.

불법이나 부실시공으로 인한 건축물 붕괴사고를
탐구함. 와우아파트 붕괴사고 및 삼풍백화점 붕괴,
마우나리조트 붕괴, 안성 코리아냉장창고 등의
화재사건에서 찾을 수 있는 건축상의 문제점들을
조사하고 이와 관련된 건축법률안을 조사함.

홍수나 지구 온난화로 인한 해수면 상승으로
건축물이 물에 잠기는 사건들을 보며
해결방안으로 수상 부유식 건축물을 탐구함.
네덜란드의 암스테르담과 같이 물이 차오르면
건축물이 물에 부유하게 되는 원리임을 이해한
후, 침수의 위험이 있는 지역에 적용해야 할 건축
시스템이라고 생각함.

트러스 구조를 이용한 건축물에 호기심을 갖고
탐구함. 트러스 구조의 원리와 구조를 이해하고
나무젓가락을 사용하여 트러스 구조를 활용한
교량을 설계하고 제작함. 완성된 다리에 교과서를
하나씩 추가하여 쌓으며 일반적인 구조의
다리보다 하중을 얼마나 지탱할 수 있는지
비교하는 실험을 진행함.

합격자들의
생활기록부에는
패턴이 있다!

초판 1쇄 발행   2024. 3. 29.
　　2쇄 발행   2024. 7. 31.

지은이   한기현, 노형철
펴낸이   김병호
펴낸곳   주식회사 바른북스

편집진행   박하연
디자인   한채린

등록   2019년 4월 3일 제2019-000040호
주소   서울시 성동구 연무장5길 9-16, 301호 (성수동2가, 블루스톤타워)
대표전화   070-7857-9719 | **경영지원**   02-3409-9719 | **팩스**   070-7610-9820

•바른북스는 여러분의 다양한 아이디어와 원고 투고를 설레는 마음으로 기다리고 있습니다.

이메일   barunbooks21@naver.com | **원고투고**   barunbooks21@naver.com
홈페이지   www.barunbooks.com | **공식 블로그**   blog.naver.com/barunbooks7
공식 포스트   post.naver.com/barunbooks7 | **페이스북**   facebook.com/barunbooks7

ⓒ 한기현, 노형철, 2024
ISBN   979-11-93879-40-5 13370